사계절 숲 이야기

뒷산에 뭐가 있을까?

사계절 숲 이야기
뒷산에 뭐가 있을까?

초판 1쇄 발행 2014년 5월 30일
초판 3쇄 발행 2022년 5월 31일
글쓴이 | 서해경
그린이 | 장경혜
펴낸이 | 김사라
출판 등록 | 2004년 2월 14일 제312-2004-000006호
주소 | 서울특별시 영등포구 양산로23길 17 2층
전화 | (02)364-7675(구입), 362-7675(내용)
팩스 | (02)312-7675
ISBN 978-89-6268-256-4 75480

ⓒ 서해경, 장경혜 2014

• 값은 뒤표지에 있습니다.
• 책 내용의 일부 또는 전부를 인용하거나 발췌하려면 반드시 저작권자와 출판사 양측의 서면 동의를 구해야 합니다.

KC 제조자명 : 해와나무 제조국명 : 대한민국 제조년월 : 2022년 5월 31일 대상 연령 : 8세 이상
전화번호 : 02-362-7675 주소 : 서울특별시 영등포구 양산로23길 17 2층
*KC마크는 이 제품이 공통안전기준에 적합하였음을 의미합니다.

사계절 숲이야기

뒷산에 뭐가 살을까?

서해경 글 | 장경혜 그림 | 이광호 감수

해와나무

> 작가의 말

항상 그 자리에 있지만,
관심이 없으면 보이지 않는
숲 이야기

우리나라는 크고 작은 산과 숲이 많아요. 주위를 둘러보면 우릴 둘러싸고 있는 푸른 숲을 손쉽게 볼 수 있지요. 내가 사는 곳도 북한산 끝자락에 있어서 창문만 열면 푸른 숲이 보여요. 봄이면 신선한 숲 향기와 향긋한 꽃 내음이 집 안 가득 퍼지지요. 숲으로 한 걸음 내디디면 '뻐꾹뻐꾹' 뻐꾸기가 인사하고, '탁탁탁탁' 딱따구리가 나무를 쪼는 소리, '꿩' 하고 우는 꿩 소리도 들려오고요.

하지만 처음부터 숲의 소리를 들을 수 있었던 건 아니었어요. 솔직히 숲에 관심이 없었어요. 그러던 어느 봄날, 숲으로 산책을 갔다가 작은 다람쥐를 만난 거예요. 제풀에 놀라, 쪼로로록 신갈나무 위로 달아나는 다람쥐가 귀엽고 신기했지요. 그날부터 고 녀석을 한 번 더 만나고 싶어서 매일 그 신갈나무 근처를 유심히 살폈어요. 그러다 신갈나무가, 그리고 숲이 매일매일 변하고 있다는 것을 발견했답니다. 새끼손톱만 한 나무눈이 점점 커지다가 어느 순간 연둣빛 잎으로 터져 나오고, 또 어느 순간 작은 도토리를 매달고 있었어요.

'아, 숲이 잠시도 쉬지 않고 자라고 있네. 숲은 살아 있구나.' 갑자기 깨달았어요. 그 순간 행복해졌어요. 저도 숲의 일부가 된 것 같았지요. 그전까지는 꿈쩍 않

는 나무 사이에서, 사람만 보면 달아나기 바쁜 동물들을 보며 나만 외톨이인 것 같았거든요. 하지만 숲은 자기가 어떻게 살고 있는지, 숨김없이 내게 다 보여 주고 있었던 거예요. 그걸 나만 모르고 있었던 거죠.

제가 느낀 이 행복을 여러분과 나누고 싶어졌어요. 우리나라 숲에서 가장 많이 자라고 있는 신갈나무와 저를 이 숲으로 이끈 다람쥐의 이야기를 통해서 말이에요.

숲은 항상 같은 자리에 변함없이 있는 것 같지만 잘 들여다보면, 일 년 사계절 동안 다양한 동식물들이 치열하게 태어나고 자라고, 또 죽음을 맞으며 살고 있어요. 그리고 조금씩 숲을 키워 나가고 있지요. 하지만 관심을 두지 않으면 숲과 숲 속의 친구들은 보이지 않아요.

자, 이제 우리 모두 눈을 크게 뜨고, 귀여운 다람쥐와 함께 숲 속으로 한 걸음 떼 보아요. 아마 숲의 터줏대감 신갈나무가 두 팔 벌려 우리를 반겨 줄 거예요.

신갈나무가 주르륵 꽃을 피운 봄날
서해경

차례

작가의 말 4 | 초대장 8

신갈나무 숲의 봄

- 신갈나무 숲에 봄이 왔어요! 12
- 기지개를 켜는 동물들 14
- 숲 속의 꽃 잔치 18
- 꽃과 곤충의 비밀 20
- 봄비가 깨우는 숲 24
- 생명의 소리가 울려 퍼지는 숲 26
- 생명이 번성하는 신갈나무 28
- 밤에 다시 깨어나는 숲 30
- 늦은 봄, 숲은 자라고 있어요 34

신갈나무 숲의 여름

- 신갈나무 잎이 두꺼워졌어요 38
- 여름 꽃을 찾는 곤충들 42
- 물이 고인 계곡은 생명의 보금자리 46
- 아낌없이 주는 신갈나무 50
- 반짝반짝 빛나는 여름밤 54
- 둥지를 떠나는 새들 58
- 여름, 신갈나무 숲에서 태어나는 새 60
- 꽃보다 붉은 여름 열매 64
- 폭풍우, 폭풍우! 68
- 죽은 나무가 만들어 내는 그늘 나라 70
- 여름을 보내는 매미의 노래, 맴맴맴 74

신갈나무 숲의 가을

- 신갈나무를 가지치기하는 도토리거위벌레 78
- 색동옷으로 갈아입는 나무들 80
- 작은 가을꽃이 피어요 82
- 숲을 떠나는 새, 찾아오는 새 86
- 가을 열매 88
- 씨앗들의 여행 90
- 겨울을 준비하는 숲의 친구들 92
- 낙엽과 버섯 이야기 94
- 이제 곧 겨울이 96

신갈나무 숲의 겨울

- 반짝반짝 서리가 내린 숲 100
- 온 세상을 하얗게 덮은 눈 104
- 새들이 맞이하는 겨울 숲 106
- 곤충들의 겨울나기 112
- 봄을 기다리는 겨울눈 114

 우리 숲에 놀러 와!

안녕? 나는 다람쥐야.

커다란 신갈나무가 가득한 숲에 살아.

내가 사는 신갈나무는 나이가 많고 키도 아주아주 커.

꼭대기까지 올라가려면 숨이 턱턱 막힐 정도지.

참, 신갈나무가 뭐냐고? 사람들은 '참나무'라고 부르기도 하는데,

참나무라는 나무는 없어. 상수리나무, 떡갈나무, 갈참나무,

굴참나무, 졸참나무를 통틀어 참나무라고 불러. 모두 도토리가 열리지.

신갈나무는 우리나라 어느 숲에서나 볼 수 있을 만큼 가장 흔한 나무야.

숲에는 나 말고도 친구들이 참 많이 살아.

착한 딱따구리, 새침한 나비, 향긋한 꽃, 늠름한 나무와 여린 풀,

빨갛게 익은 열매들이 가득해. 그래서 항상 다양한 일이 벌어지지.

신갈나무 숲으로 초대할게.

우리 숲이 어디에 있냐고? 바로 친구들이 사는 마을의 뒷산이야.

하하하하, 놀랐지? 자, 그럼 지금부터 신갈나무 숲의

봄, 여름, 가을, 겨울을 차례로 소개할게.

신갈나무 숲의 봄

봄 햇살이 신갈나무 숲의 동식물에게 속삭입니다.
"안녕, 친구들! 이제 잠에서 깰 시간이야."
겨우내 긴 잠을 잔 신갈나무 숲이
기지개를 켭니다.

신갈나무 숲에 봄이 왔어요!

따뜻한 봄 햇살이 앙상한 나뭇가지 사이로 들어와 숲 바닥 구석구석을 비춥니다.
그러면 꽁꽁 언 땅도 스르르 녹아, 땅속에 물이 흐르기 시작하지요.

으아암, 잘 잤다. 겨우내 잠을 잤더니 온몸이 뻐근한걸.

꼬르르르륵.

아, 배고파. 얼른 먹을 것부터 찾아야겠다.

이른 봄이라, 땅은 아직 눈과 낙엽으로 덮여 있어. 하지만 땅속에선 씨앗과 겨울눈이 부지런히 싹을 낼 준비를 하고 있지.

숲 바닥을 살펴봐. 눈밭에 난 동그란 작은 구멍이 보이지? 그 속에 노란 꽃잎이 사랑스러운 풀이 있어. 복수초지. 복수초가 싹 내고 꽃을 피우느라 생긴 열 때문에 눈이 녹아 구멍이 생긴 거야. 일본에서는 복수초가 꽃을 피워야 비로소 봄이 왔다고 생각한대. 그런데 이렇게 부지런을 떤 복수초는 여름이 오기 전에 꽃잎이 모두 사라져 버려.

앉은부채도 벌써 동그랗게 생긴 꽃덮개 안에 꽃을 피웠구나. 앉은부채꽃은 네 장의 연한 자주색 꽃잎이 있는데, 올록볼록한 공처럼 생긴 꽃차례에 여러 개가 함께 피지.

앉은부채꽃 속에 딱정벌레가 있네? 맛있는 꽃가루를 먹느라 내가 옆에 있는 줄도 모르나 봐. 꽃샘추위에 달달 떨던 딱정벌레한테 앉은부채는 아주 좋은 집이야. 복수초나 앉은부채는 해를 쫓으며 꽃을 피우기 때문에 꽃 속이 따뜻하거든. 딱정벌레는 꽃 속에서 먹이도 먹고, 몸도 데워.

참, 이제 나도 배를 채워야겠어. 봄꽃 몇 송이와 시원한 계곡물이면 든든한 한 끼 식사야. 봄꽃들은 겨울잠에서 깨어난 동물들에게 좋은 먹잇감이야.

> **TIP** 가장 먼저 봄을 알리는 건 누구일까? 그건 바로 작고 약한 꽃들이야. 큰 나무들이 쑤욱쑤욱 잎을 내서 햇빛을 가리기 전에 씨를 맺으려면 서둘러야 해. 그래서 잎보다 먼저 꽃이 얼굴을 내미는 거야.

앉은부채

기지개를 켜는 동물들

봄이 온 걸 아는 건 작은 꽃들만이 아니에요.
겨울 동안 보이지 않던 동물들도 기지개를 켜며 밖으로 나와 봄 햇살을 즐겨요.

내가 사는 집은 신갈나무 아래 바위틈에 있어. 이 신갈나무에는 나뿐만 아니라, 여러 동물이 모여 살고 있어. 지금부터 이웃들을 소개해 줄게.

딱딱딱딱, 딱딱딱딱.

오색딱따구리가 나무를 쪼고 있어.

"안녕, 오색딱따구리야. 올해는 우리 신갈나무에 둥지를 만드는구나?"

"응, 이 신갈나무가 우리 숲에서 가장 크고 튼튼하니까."

"그럼, 그럼. 우리 신갈나무가 최고지."

나는 엄지손가락을 치켜세웠어.

"하지만 조심해야 해. 네 집을 노리는 녀석들이 많으니까 말이야."

나는 오색딱따구리에게 주의를 줬어. 동고비가 신갈나무 옆 밤나무 가지에 몰래 숨어서 오색딱따구리를 지켜보고 있거든. 동고비는 직접 둥지를 못 짓기 때문에 남의 둥지를 훔치려고 해. 그래서 오색딱따구리가 둥지를 비우면, 그 틈을 노려 몰래 이사할 속셈이지.

나는 오색딱따구리와 헤어져서 숲을 둘러보았어. 겨울 동안 친구들이 어떻게 지냈을지 궁금했거든.

가장 먼저 만난 친구는 개구리야. 봄이 되니까 친구나 이웃들이 겨울잠에서 하나씩 깨어나, 봄기운에 기지개를 켜고 있지.

"개구리야! 따뜻한 봄기운이 너를 깨웠구나!"

나는 햇볕이 잘 드는 바위 위에 납작 엎드려 있는 개구리에게 인사를 건넸어. 아마 몸을 따뜻하게 만들려는 거겠지. 개구리는 기온에 따라 체온이 변하는 변온 동물이야. 추운 겨울 동안에는 체온이 낮아져서 잘 움직이지 못해. 그래서 땅속에서 겨울잠을 자는 거야.

갑자기 개구리가 휙 하고 낙엽 사이로 달아나 버렸어.

"개구리야. 나야, 나! 귀여운 다람쥐라고!"

그때 굵은 나뭇가지 밑에 매달려 있던 멧노랑나비가 말을 걸었어.

"호호호. 다람쥐야, 섭섭해하지 마. 걔는 지금 암컷 개구리를 찾느라 바쁜 것뿐이니까."

"수컷 개구리는 암컷 개구리보다 먼저 겨울잠에서 깨거든. 그래서 암컷 개구리가 있을 만한 곳을 찾아서 목청껏 울어야 돼. 암컷 개구리를 깨우는 거지. 다른 수컷 개구리가 오기 전에 먼저 짝짓기를 해야 하기 때문이야."

"개구리는 초여름에 짝짓기 하지 않나?"

"개구리마다 짝짓기 하는 시기가 달라. 초봄에 하는 개구리도 있고, 초여름에 하는 개구리도 있지."

"아, 그렇구나! 그런데 멧노랑나비야, 너 날개 찢어졌는데."

"나뭇가지 밑에 숨어서 길고 추운 겨울을 보냈는데, 깨어 보니 다쳐 있지 뭐야. 그래도 새봄이 왔으니 나도 예쁜 알을 낳아야지. 그럼 이만 난 가 볼게."

멧노랑나비는 팔랑팔랑 날갯짓을 하며 봄꽃을 찾아 날아갔어.

봄에는 역시 나비가 가장 아름다운 것 같아. 아! 저건 애호랑나비잖아? 애호랑나비는 이른 봄꽃이 필 때만 잠깐 볼 수 있어서 만나기 힘든 친구지.

"애호랑나비야, 잠깐만 기다려!"

나는 애호랑나비를 쫓아갔어.

애호랑나비

숲 속의 꽃 잔치

신갈나무는 새싹을 틔우려고 땅속에서 열심히 물을 끌어 올리고 있습니다.
아직 겉으로 보기에는 아무런 변화가 없네요.
덩치가 큰 만큼 새싹을 틔우는 데 시간이 많이 걸려요.

"찾았다."

애호랑나비가 진달래꽃에 사뿐히 내려앉더니, 대롱처럼 생긴 돌돌 말린 입을 쭉 펴서 진달래꽃의 꿀을 먹었어. 그러고 보니, 벌써 분홍빛 꽃잎을 하늘거리는 진달래가 피었네. 진달래와 철쭉은 비슷한 시기에 꽃을 피우고 꽃 모양도 비슷해서 헷갈리지? 하지만 조금만 자세히 보면, 금방 구분할 수 있어. 진달래는 잎보다 꽃이 먼저 피고, 철쭉은 잎과 꽃이 함께 피지. 그리고 철쭉 꽃잎에는 점이 있고, 진달래 꽃에는 없지. 참, 진달래는 먹을 수 있지만, 철쭉은 독성이 있으니까 먹으면 안 돼.

해가 잘 드는 곳에서는 알싸한 향이 나는 생강나무가 작은 솜뭉치 같은 노란 꽃들을 톡톡 터뜨리고 있어. 목련과 벚나무도 질세라 하얀 꽃망울을 터뜨리지.

이렇게 꽃나무가 잎보다 꽃을 먼저 피우는 건 곤충을 먼저 차지하려고 경쟁하느라 그런 거야.

"와! 신갈나무 숲에 예쁜 꽃밭이 생겼어."

앙상하게 죽은 것 같았던 숲이 알록달록 예쁘게 살아나고 있어.

TiP 벚나무와 개미는 좋은 친구 사이야. 벚나무 잎자루에는 개미를 위한 꿀샘이 있어. 우리 개미는 이 꿀을 먹고, 벚나무깍지벌레 같은 해충을 막아서 꽃과 잎을 지켜 주지. 이렇게 서로 돕고 사는 것을 좀 어려운 말로 '공생'이라고 해.

꽃과 곤충의 비밀

꽃이 핀 곳에는 어김없이 꿀과 꽃가루를 먹으러 곤충들이 모여듭니다.
봄 숲에는 꽃과 곤충이 만드는 신비한 비밀이 숨어 있지요.

"역시 꽃에는 곤충들이 모이는구나."

신갈나무 아래로 꽃밭이 펼쳐져 있는데, 붕붕거리고 윙윙거리는 소리로 가득해. 꽃을 찾아온 곤충들이 꿀을 먹느라 한바탕 소동이 벌어졌지.

꿀벌은 부산하게 여러 꽃으로 날아다니며 꿀 주머니를 채우고, 꼬마꽃벌은 애벌레에게 주려고 꽃가루와 꿀을 경단처럼 동그랗게 뭉치고 있어.

"너희는 좋겠다. 꽃들이 공짜로 달콤한 꿀과 고소한 꽃가루를 주잖아."

꽃잎에 앉아 맛있게 꿀을 빨고 있는 꿀벌에게 말을 걸었어.

"공짜라고? 그건 꽃과 곤충 사이의 비밀을 몰라서 하는 말이야."

"비밀?"

"음…… 꿀 주머니도 가득 채웠으니, 좀 쉬어도 되겠지?
사실, 우리 곤충들은 꽃에게 씨앗을 만들어 준단다."

"뭐? 곤충들이 씨앗을 만들어 준다고? 꽃이 만드는 거 아니고?
자세히 좀 말해 봐."

우아,
벌이다.

"우아, 신기하다. 나는 꽃이 그냥 피는 줄 알았어."

"세상에 공짜는 없다고."

"그래서 꽃들이 곤충을 많이 불러 모으려고 예쁜 꽃잎을 만들고, 달콤한 향기를 뿜는구나."

"그렇지. 맛있는 꿀도 준비하고 말이야. 거기다 꿀이 있는 곳을 더 잘 알려 주기 위해 꽃잎에 꿀 점도 그리지. 애기괭이눈은 꿀 점이 너무 작아서 눈에 안 띌까 봐 잎까지 노랗게 물들여. 눈꽃처럼 피는 벚꽃은 벌들을 혼자 차지하려고 한꺼번에 꽃을 피우는 거야. 그리고 붓꽃은 벌이 기어들게 하려고 암술과 수술을 꽃 깊숙이 숨겨 두는데, 벌은 들어갈 때도 나올 때도 꽃가루를 잔뜩 묻히게 돼."

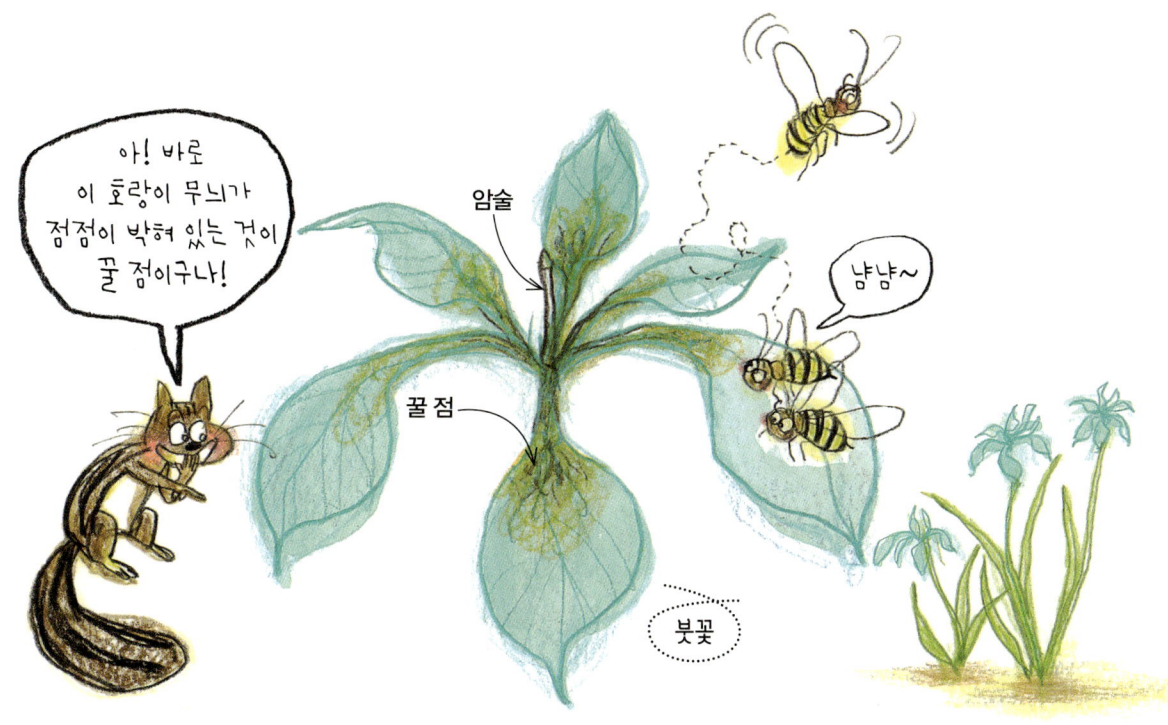

꿀벌은 내 질문에 꽃 박사처럼 척척 잘도 대답해 줬어.

"와, 정말 대단하다! 그럼 꽃가루받이가 끝나면 꽃은 어떻게 되지?"

"향기도 사라지고, 꽃잎도 시들기 시작해. 더 이상 곤충을 부를 필요가 없으니까. 대신 씨앗과 열매를 키우며, 다음에 태어날 새 생명을 준비해."

꽃과 곤충 사이에 이렇게 엄청난 비밀이 있었다니, 정말 놀랍고 신기한걸!

TIP 꽃은 저마다 자기에게 필요한 곤충이 있어. 보통 꿀이 얕은 곳에 있는 꽃에는 꿀벌이, 깊숙한 곳에는 긴 대롱의 입이 있는 나비가 좋아. 도움이 안 되는 곤충은 쫓기도 하지. 엉겅퀴는 개미가 오면 쓴 즙액을 뿜어서 쫓아 버려.

봄비가 깨우는 숲

신갈나무 숲에 봄비가 왔어요.
목마른 나무와 풀, 곤충과 동물이 오랫동안 기다려 온 단비입니다.
봄비는 온 숲을 촉촉하게 적시고 땅속 깊은 곳까지 잘 스며들었어요.

오랜만에 신갈나무 숲에 비가 내렸어. 숲에 사는 동식물을 살찌우는, 참 고마운 봄비!

비가 오면 가장 바쁜 건 역시 식물들이야. 내가 가장 좋아하는, 우리 신갈나무도 영차, 영차 열심히 빗물을 빨아들였어. 신갈나무는 봄비를 흠뻑 마셔서, 겨우내 꽁꽁 싸 둔 잎눈과 꽃눈이 통통하게 부풀어 올랐어. 곧 꽃눈에서 먼저 꽃이 자랄 거야. 꽃가루가 바람에 잘 날릴 수 있도록 잎은 꽃보다 더 늦게 자라거든.

참, 신갈나무는 수꽃과 암꽃이 따로 피어.

수꽃의 꽃가루가 고운 연둣빛으로 익으면 암꽃의 암술을 찾아 여행을 떠나야 해. 꽃가루가 암술을 만나서 수정이 되어야, 가을에 갈색 모자를 쓴 도토리가 만들어지지.

꽃잎이 없거나 아주 작거나, 향기가 없는 꽃은 대부분 바람이 꽃가루를 옮겨 주는 풍매화에 속해. 화려한 꽃잎이나 향기로운 꿀로 곤충이나 새를 유혹할 필요가 없지. 대신 꽃가루와 암술이 만나도록 도와줄 동물이 없기 때문에 꽃가루를 아주 많이 만들어야 해. 바람이 부는 대로 정처 없이 떠돌다가 정확하게 암술에 도착하는 것은 아주 어려운 일이니까.

생명의 소리가 울려 퍼지는 숲

새잎과 가지가 터져 나오는 소리, 새들이 짝을 부르는 소리,
집을 만드는 소리, 알을 낳는 소리……. 신갈나무 숲은 봄의 소리로 가득합니다.

꽃가루받이가 거의 끝날 무렵, 신갈나무에는 겨우내 꽁꽁 싸 둔 잎눈이 터졌어. 잎눈이 터지면서 가지가 뻗어 나오고 새잎이 나와. 잎은 뿌리에서 물을 얻고, 잎 속의 엽록소는 햇빛을 받아 영양분을 만들며 쑥쑥 자라. 곧 신갈나무가 바람에 흔들리며 부르는 연둣빛 봄노래를 들을 수 있을 거야.

4월은 새들이 짝짓기 하는 계절이야. 짝짓기를 마친 새들은 둥지로 돌아와서 작고 뽀얀 알을 낳지. 암컷은 알이 부화할 때까지 따뜻한 체온으로 정성껏 알을 품어 줘. 알이 골고루 따뜻해질 수 있도록 중간중간 굴려 주는 것도 잊지 않고 말이야.

쯔빗, 쯔빗, 쯔쯔빗.

TIP 우리 딱따구리는 하루에 몸무게의 2/3만큼 곤충을 먹어. 우리가 있는 숲은 아주 건강한 거야. 우리 먹이인 곤충이 많고, 곤충이 먹는 신선한 꽃과 잎이 많은 거니까. 또 집을 지을 만한 큰 나무도 많고.

신갈나무 한 그루에 이렇게 다양한 생명체가 살고 있다니.

맞아, 정말 놀랍지?

직박구리의 알 품기

엄마가 지켜 줄게!

박새가 신갈나무에 생긴 작은 구멍에 집을 만들었어. 박새의 집은 워낙 작아서 다른 새들은 들어가지 못해. 소쩍새나 올빼미 같은 무서운 새들을 피할 수 있는 안전한 집이야.

응? 아직도 오색딱따구리가 나무를 쪼고 있잖아? 암컷 딱따구리는 박자에 맞춰 응원을 하고 있네.

"오색딱따구리야, 아직도 집을 못 지은 거야?"

"둥지? 벌써 지었지. 그런데 동고비를 쫓아내는 사이에 원앙이 어느새 들어와서 알을 여덟 개나 낳았지 뭐야."

"원앙은 아주 얌체구나."

"할 수 없지. 나처럼 튼튼한 부리가 없으니까. 그래도 원앙의 귀여운 알을 보니 화난 마음이 풀리더라."

마음 좋은 친구지? 이래서 내가 오색딱따구리를 좋아한다니까.

생명이 번성하는 신갈나무

숲에서는 모든 동식물이 함께 태어나고 자라면서 살아가요.
나무 잎사귀에는 애벌레가 꼬물거리고, 공중에는 나비와 벌 들이 날아다닙니다.
다람쥐와 청설모, 고라니 들이 뛰어다니지요.

"어? 웬 곤충들이 이렇게 모였지?"

우리 신갈나무에 잎이 돋아나자, 곤충들이 모여들었어. 곤충들은 신갈나무 여기저기에 알을 낳지. 봄의 신갈나무는 새로운 생명이 태어나는 보금자리야.

여기, 붉은 구슬처럼 생긴 게 보이니? 이건 벌레혹이라는 거야. 벌레혹 안에는 곤충의 알이나 애벌레가 들어 있지.

신갈나무의 잎과 부드러운 가지 속에 참나무잎붉은혹벌, 참나무꽃혹벌이 알을 낳았거든. 그랬더니 그 부분이 부풀면서 혹처럼 커진 거야. 도토리깍지처럼 생긴 것도 있고 꽃봉오리처럼 생긴 것도 있어.

이 돌돌 말린 잎에는, 혹거미거위벌레가 알을 낳았어. 혹거미거위벌레는 신갈나무 잎을 여러 겹으로 돌돌 말아서, 그 끝에 구멍을 내고 알을 낳아. 알에서 부화한 애벌레는 단백질 덩어리인 알껍데기를 먼저 먹고, 알을

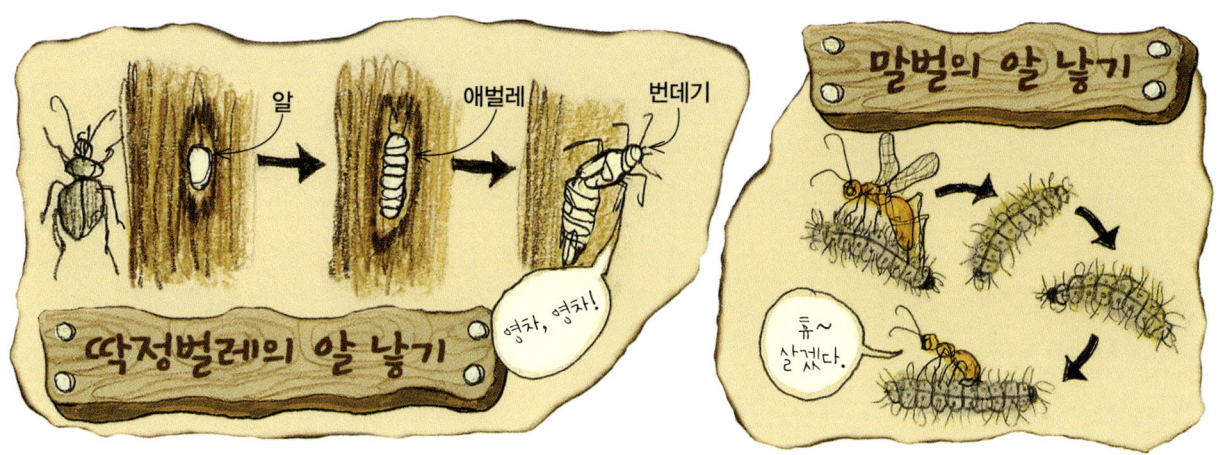

보호해 준 잎을 갉아 먹어서 밖으로 뚫고 나와. 그리고 잎을 먹으며 쑥쑥 자라지.

딱정벌레는 신갈나무 껍질을 뚫고 알을 낳았어. 알에서 나온 애벌레는 나무껍질 속을 갉아 먹으면서 더 깊이 뚫고 들어가지. 더 안전하기 때문이야. 하지만 안심할 수는 없어. 나무를 쪼아서 먹이를 찾는 딱따구리에게 먹힐 수 있거든. 말벌도 조심해야 해. 말벌은 나무속에 있는 애벌레의 몸속에 알을 낳아. 말벌 알은 애벌레 몸속에서 부화해서 애벌레의 살을 먹으며 자라. 말벌은 성격도 난폭하지.

붕붕, 붕붕붕.

"으아아아악! 말벌이다."

내 말을 들은 건지, 커다란 말벌이 나를 쫓아와!

사실 나도 알이나 애벌레가 있는 잎을 더 좋아해. 너무 잔인하다고? 하지만 서로 먹고 먹히는 것은 아주 자연스러운 거야. 음, 이건 나중에 다시 얘기하자. 지금은…… 말벌을 떼어 놓는 게 더 급해! 으아악!

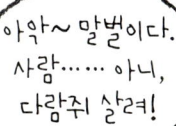

밤에 다시 깨어나는 숲

모두가 잠든 것 같은 깊은 봄밤, 신갈나무 숲이 부산스럽게 다시 깨어나요.
낮잠에서 깬 올빼미의 울음소리가 멀리 퍼집니다.
숲의 밤이 시작되고 있어요.

"두껍아, 두껍아 뭐 하니?"

신갈나무 바로 아래에는 두꺼비가 납작하게 엎드려 있어. 난 두꺼비를 방해하고 싶지 않아서 조용히 지켜보았지. 두꺼비는 한참 동안 꼼짝도 하지 않고 눈도 깜박이지 않아. 두꺼비가 곁에 있는 줄 까맣게 모르는 멧누에나방이 포포르포포르 날갯짓을 하며 날고 있지. 두꺼비의 툭 튀어나온 눈이 나방에게 고정되었어. 슉! 하고 순식간에 두꺼비의 긴 혀가 나방을 휘감아 버렸어.

"이 밤에 웬일이야? 넌 밤에 잠을 자잖아?"

사냥에 성공해서 기쁜지, 두꺼비가 내게 말을 거네.

"으아아아함, 사실 아주 졸린데 밤엔 숲이 어떻게 변하는지 꼭 알고 싶었거든."

"네 호기심은 못 말리겠다. 하지만 조심해. 난 괜찮지만, 너한테 밤 숲은 위험하니까."

두꺼비는 몸에 독이 있어. 그래서 숲의 무법자인 올빼미도, 암컷을 위해 더 많은 먹이를 잡아야 하는 수컷 소쩍새도 두꺼비를 함부로 건드리지 못해.

큰소쩍새가 신갈나무 가지에 앉아 어둠 속을 샅샅이 살피며, 먹이를 찾고 있었거든. 큰소쩍새는 지렁이를 잡아먹는 등줄쥐를 덮쳤어. 그러고는 곧장, 둥지에서 알을 품고 있는 암컷에게 먹이를 전해 주러 서둘러 날아가 버렸지.

내가 부들부들 떨고 있는데, 어둠 속에서 속삭이듯 작은 소리가 들렸어.

"그러게 조심했어야지."

"누, 누구야?"

나는 잔뜩 겁에 질려 어둠 속을 노려봤어. 갈색 멧토끼가 조심스럽게 주위를 살피며 살금살금 다가왔어.

"자기가 먹이를 찾는 것처럼 다른 동물도 자기를 잡아먹으려고 노리고 있다는 걸……."

멧토끼의 말이 채 끝나기도 전에, 어디선가 소리도 없이 올빼미가 날아와서는 멧토끼를 덮쳤어. 올빼미의 날개 끝은 아주 부드러워서 소리 없이 날 수 있거든. 하지만 멧토끼가 더 빨랐어. 멧토끼는 순식간에 나무 그늘과 바위틈으로 숨어 버렸고, 올빼미는 맞은편 소나무 가지에 내려앉아서 어두운 숲 속을 노려보며 멧토끼를 찾고 있어.

"으아악, 싫어. 숲의 밤은 너무 무섭다고!"

TIP 우리 지렁이는 흙을 뚫고 고개를 내밀어서, 잎을 물고 땅속으로 끌어당겨. 그리고 땅속에서 잎을 먹지. 가끔 다 끌고 들어가지 못한 잎은 이렇게 바닥에 꽂힌 듯이 보여.

늦은 봄, 숲은 자라고 있어요

신갈나무는 이제 푸르게 변했어요.
새잎은 무럭무럭 커 가고, 땅 위에는 다양한 풀이 쑥쑥 자라지요.
이른 봄에 서둘러 핀 봄꽃들은 씨앗을 맺었습니다.

신갈나무 숲에는 새 생명이 꼬물꼬물 자라고 있어. 잎 뒤에서 애벌레가 자라고, 여기저기에서 새끼 새들의 삐악대는 울음소리가 요란해. 원앙과 박새, 큰소쩍새, 올빼미 둥지에서 저마다 귀여운 새끼들이 태어났어. 암컷 새들이 잠시도 쉬지 않고 포근하게 알을 품은 덕분이야.

"아빠, 아빠! 밥 주세요. 밥 주세요."

우리 신갈나무에 있는 오색딱따구리의 둥지가 시끄러워졌어. 어린 새끼들이 먹이를 달라고 아우성이거든. 아빠 오색딱다구리는 쉴 새 없이 먹이를 구해 와.

오색딱따구리뿐 아니라, 이제 수컷들은 평소보다 세 배나 많은 먹이를 잡아 와야 해. 암컷과 새끼를 먹여야 하니까. 새끼 새들은 어미 새의 보호를 받으며 쑥쑥 자라지.

마침 산책을 나온 고라니 가족을 만났어. 아기 고라니는 큰 눈을 껌벅이며 엄마 뒤로 숨었지.

음, 오늘은 햇살이 아주 따뜻해. 따뜻한 봄 햇살을 받으며 신갈나무 숲의 식구들은 쑤욱, 쑥 자라고 있어.

신갈나무 숲의 여름

신갈나무 숲이 만든 짙은 녹음 사이로,
새끼 새들이 지저귑니다.
화려한 여름 꽃과 붉게 익은 열매는 향긋합니다.
여름 숲은 왕성한 생명력으로 터질 듯합니다.

신갈나무 잎이 두꺼워졌어요

여름 숲은 온통 초록빛으로 가득 차 있어요.
여름은 햇빛과 물이 많아 식물들이 자라기 좋은 계절이에요.
나무들은 저마다 자랄 수 있을 만큼 크게 자랐어요.

지난 이틀 동안 신갈나무 숲에 비가 왔어. 밤마다 무당개구리들이 울어서, 한숨도 못 잤지 뭐야. 오늘은 무당개구리를 찾아가서 따질 테야. 잠 좀 자자고!

그나저나 여기가 우리 집 앞이 맞나? 며칠 사이 밀림이 된 것 같아. 흙은 더 검고 축축하고, 바위는 이끼로 덮였어. 신갈나무 밑동의 나무껍질에도 이끼와 일엽초가 자라고 있어. 이끼와 일엽초는 신갈나무 줄기에서 영양분을 얻지.

"아직 해가 안 떴나?"

숲이 너무 어두워서 하늘을 올려다보았어. 그새 커다랗게 자란 나뭇잎들이 햇빛을 다 가리고 있었지. 그중에서도 신갈나무는 손바닥만큼 넓고 두꺼운 잎을 잔뜩 달고 혼자서 햇빛을 독차지하고 있지 뭐야.

키가 큰 나무 아래에서도 여름풀은 쑥쑥 자라고 있어. 나처럼 작은 다람쥐는 앞이 잘 안 보일 정도로 울창하지. 봄풀은 작고 여리지만 여름풀은 키도 크고 아주 튼튼해.

"아, 저기 우산나물이다."
새잎이 접은 우산처럼 자라다가 어느 순간에 펼친 것처럼 벌어진다고 해서 붙은 이름이야.

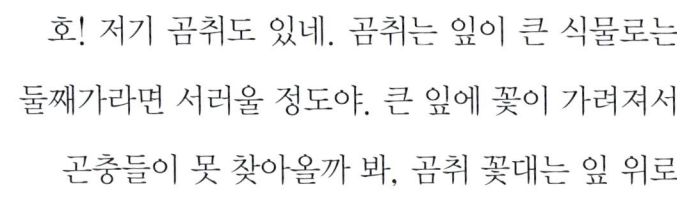
곰취

호! 저기 곰취도 있네. 곰취는 잎이 큰 식물로는 둘째가라면 서러울 정도야. 큰 잎에 꽃이 가려져서 곤충들이 못 찾아올까 봐, 곰취 꽃대는 잎 위로 쭉 뻗어서 자란 다음에 노란 꽃을 가득 피워.

곰취 옆 바닥에는 지렁이처럼 가늘고 긴 다래덩굴이 누워 있어.

나는 다래덩굴을 따라갔어. 덩굴 식물은 다른 식물에 몸을 기대고 칭칭 감으며 자라. 그래서 다른 식물들이 자라고 난 뒤에야 늦게 싹을 틔우지. 이 다래덩굴은 감고 자랄 나무를 못 찾았나 봐. 예민한 가지를 뻗어서 숲 바닥을 기며 자기가 휘감고 자랄만한 나무를 찾고 있어.

6월에 작고 하얀 다래꽃이 지고 나면, 덩굴에 아주 작은 열매가 주렁주렁 달릴 거야. 나는 신이 났어.

"야호! 다래다! 조금만 더 기다리면 말랑말랑하게 익은 다래를 먹을 수 있겠지."

다래덩굴

"크크큭. 이 청설모님도 다래가 익기만 기다리는 중이라고."

연둣빛 꽃을 피운 밤나무에서 청설모가 내려다보고 있었어. 청설모는 우리 다람쥐와 비슷하게 생기고 좋아하는 먹이도 같아. 하지만 겨울잠은 자지 않지.

"난 다래뿐 아니라, 머루가 어디 있는지도 알고 있지."

"진짜? 어딘데? 나한테만 살짝 말해 줘."

나는 거들먹거리는 청설모에게 물었어. 머루가 어디에 있는지 슬쩍 알아내려고 했지.

"크크큭. 먹을거리는 직접 찾아야 하는 거야."

청설모는 잘난 척만 하고는 포로로 달려가 버렸어.

청설모야, 너는 진짜로 겨울잠을 안 자니?

당연하지. 나는 겨울잠 대신 털갈이로 털을 길게 만들어서 겨울을 따뜻하게 나거든.

TiP 다래와 머루는 달콤한 과일이야. 다래는 열매가 아주 달콤해서, 원래 이름이 '다네'였다는 얘기도 있어. 머루는 덩굴 식물로 포도처럼 생겼어. 다래와 머루는 6월경에 꽃을 피우고, 9월경 열매가 달콤하게 익어.

여름 꽃을 찾는 곤충들

여름 꽃들은 오랜 시간 동안 곱게 단장을 하며 꽃을 피우지만 며칠 만에 지고 말아요.
하지만 벌, 나비 같은 곤충들이 있어 쓸쓸하지 않아요.

무당개구리를 찾으러 맑은 물이 흐르는 개울가로 나왔어. 어느새 개울가에는 원추리, 물봉선, 개미취 같은 여름 꽃이 어우러져 피어 있었지. 햇빛 밝은 곳에는 고사리가 무리를 지어 고사리 마을을 이뤘고. 하늘에는 어른벌레(성충)로 자란 벌과 나비가 여름 꽃을 찾아 날아다녀.

"물봉선꽃이 벌써 시들었네? 봄 동안 열심히 준비했는데, 너무 빨리 져 버리지?"

물봉선 가지에 앉은 나비에게 말을 걸었어. 그런데 나비가 기분이 안 좋은 모양이야.

"흥! 난 물봉선이 싫어. 나처럼 아름다운 나비를 거절하다니. 나리꽃한테 갈 테야."

물봉선은 꽃 안 깊은 곳에 꿀이 있어서, 나비 중에서도 대롱이 길어야 꽃 안으로 들어가 꿀을 구할 수가 있어. 나비는 아름다운 날개를 나풀거리며 나리꽃으로 날아갔지. 그런데 이내 "어머나!" 하고 비명을 지르며 허둥지둥 날아가 버리는 거야.

원추리

TIP 곤충의 도움을 받아서 가루받이를 하는 꽃들을 충매화라고 해. 곤충을 부르기 위해 화려한 꽃을 피우고, 달콤한 꿀을 만들기도 하지. 그럼 물봉선에서 못 했던 식사를 한번 해 볼까?

"나비가 왜 저러지? 나리꽃한테 무슨 일이 있나?"

나리꽃을 자세히 보니까, 사마귀가 나리 꽃대에 거꾸로 매달려 있어.

"아, 사마귀잖아! 사마귀야, 거기서 뭐 하니?"

"쉿! 난 지금 사냥 중이야. 나비는 놓쳤지만 아직 꿀벌이 남았으니 모른 척 좀 해 줘."

사마귀가 속삭였어. 사마귀는 꽃잎이나 가지처럼 위장해서 꽃을 찾아오는 곤충을 노리거든. 나는 모른 척 그 자리를 떠나, 무당개구리를 찾으러 물가를 따라 올라갔어.

우아, 여기 개미취가 활짝 피어 있어. 그런데 저런, 진딧물 수십 마리가 개미취 잎과 줄기에 잔뜩 달라붙어 즙을 쪽쪽 빨아 먹고 있네.

"먹을 수 있을 때, 실컷 먹자. 쪽쪽쪽."

개미취는 진딧물의 공격에 꼼짝없이 당하고 있어. 그때 어디선가 개미취의 수호천사가 날아왔어. 바로 주홍색 딱지에 까만 점 일곱 개가 톡톡 박힌 무당벌레지.

"개미취에 진딧물이 잔뜩 달라붙었잖아!"

무당벌레는 하루에 진딧물을 수천 마리도 먹어 치우는 진딧물의 천적이야. 개미취는 안심했어. 무당벌레가 닥치는 대로 진딧물을 먹자, 이번에는 진딧물을 보호하려 개미들이 나타났어.

"전진! 앞으로! 진딧물을 보호하라!"

개미들은 개미취 줄기를 타고 한 줄로 무당벌레에게 달려갔어. 개미들과 무당벌레의 싸움이 시작된 거야. 사방에서 달려든 개미들이 무당벌레를 물고 밀어냈어.

"앗, 따가워! 이거 놔!"

무당벌레가 개미들에게 조금씩 밀리고 있어. 개미보다 덩치도 크고, 단단한 딱지날개로 덮여 있지만, 개미 떼를 당해 내긴 힘들지. 무당벌레는 짧은 다리로 개미취 줄기를 붙잡고 버티다가 그만 땅으로 떨어지고 말았어.

무당벌레는 한동안 버둥거리다 겨우 몸을 뒤집고 멀리 날아갔어. 나는 개미들에게 물었어.

"너희는 왜 진딧물을 도와주는 거니?"

"우리는 진딧물과 특별한 약속을 했어. 진딧물 꽁무니에서 나오는 맛있는 단물을 받는 대신, 진딧물을 보호해 주기로 말이야."

"진딧물의 꽁무니에서 단물이 나온다고?"

"응, 진딧물은 알을 낳을 때가 되면 잎을 아주 많이 먹어. 그리고 필요 없는 양분은 몸 밖으로 버리는데, 그걸 우리 개미들이 먹는 거야. 서로 돕고 사는 거지."

아, 개미취와 무당벌레, 진딧물과 개미는 이렇게 서로 돕고 사는구나.

개미들이 작긴 하지만 똘똘 뭉쳐서 함께 공격하니, 정말 무섭고 강하지?

물이 고인 계곡은 생명의 보금자리

빗물을 먹은 나무는 숲을 살찌우고, 계곡에 맑고 깨끗한 물을 보내요.
계곡물이 잔잔하게 흐르는 곳은 물잠자리와 개구리, 날도래 등이
알을 낳는 보금자리랍니다.

"음, 이상하다. 무당개구리들이 왜 안 보이지?"
계곡에 물고기와 곤충 들만 가득했어.
맑은 계곡물에는 버들치의 새끼들이 줄지어 다니고, 좁은 바위틈에는 새끼 돌고기들이 모여 있어. 돌고기는 '돼지고기'라고 불릴 만큼 많이 먹는 걸로 유명해. 배가사리는 겁이 많아서 돌 밑이나 모랫바닥에 숨어 있지. 모두 5~6월에 알에서 깨어난 새끼들이야.
물속에서 날도래 애벌레를 발견했어. 날도래 애벌레는 끈적끈적한 실을 입에서 뽑아 모래와 나무 조각을 묶어 튼튼한 집을 만들어 그 안에 살지. 그렇지 않으면 물에 사는 다른 동물의 먹이가 되기 쉽거든. 다 자란 날도래는 날개가 있어서 물가 나뭇가지나 잎에서 살아.

강도래도 있네! 바위 위를 펄쩍펄쩍 뛰어다니고 있어.

날도래와 강도래는 물속에서 부화해서 애벌레와 번데기 시기를 보내. 다 자라 성충이 되면 물 밖으로 나와 짝짓기를 하고 다시 물속으로 들어가 알을 낳지.

물가 바위에는 가재가 살아. 가재는 낮에는 돌 밑에 숨어 지내다 밤에 나와. 느려서인지 주로 죽은 동물을 먹지. 가재는 깨끗한 물에만 살기 때문에 가재를 만난다는 건 그 물이 깨끗하다는 증거야. 긴 고깔 모양의 집을 짓고 사는 다슬기도 바위에서 살아. 느릿느릿 움직이며 돌에 나 있는 물이끼를 먹지.

공중에는 물잠자리와 하루살이가 가득해. 둘 다 알을 낳기 위해 시냇가에 찾아온 거야. 하루살이 알은 애벌레로 자란 뒤에, 물속에서 2~3년 정도를 살아. 바위에 붙어서, 물속을 떠다니며, 혹은 물아래 모래에 숨어서 살지. 그러다 물 밖으로 나와서 어른벌레로 변해. 그런데 다 자란 하루살이는 입이 없어서 음식을 먹을 수 없어. 그래서 일찍 죽는 거 아닐까? 하지만 이름과는 다르게 실제로는 어른벌레로도 2~10일 정도 살아.

물잠자리들이 계속 물로 내려앉았다 다시 공중으로 날아오르고 있어. 무얼 하는 거지?

"물잠자리야, 혹시 무당개구리 못 봤니?"

"어, 잠깐만. 난 지금 아주 바쁘거든. 500~1200개나 되는 알을 몇 개씩 군데군데 낳으려니 정신이 없어."

"한곳에 낳으면 편할 텐데, 왜 따로 낳는 거야?"

"알들이 부화한 다음에 형제끼리 먹이 다툼을 할까 봐 미리 떼어 놓는 거야."

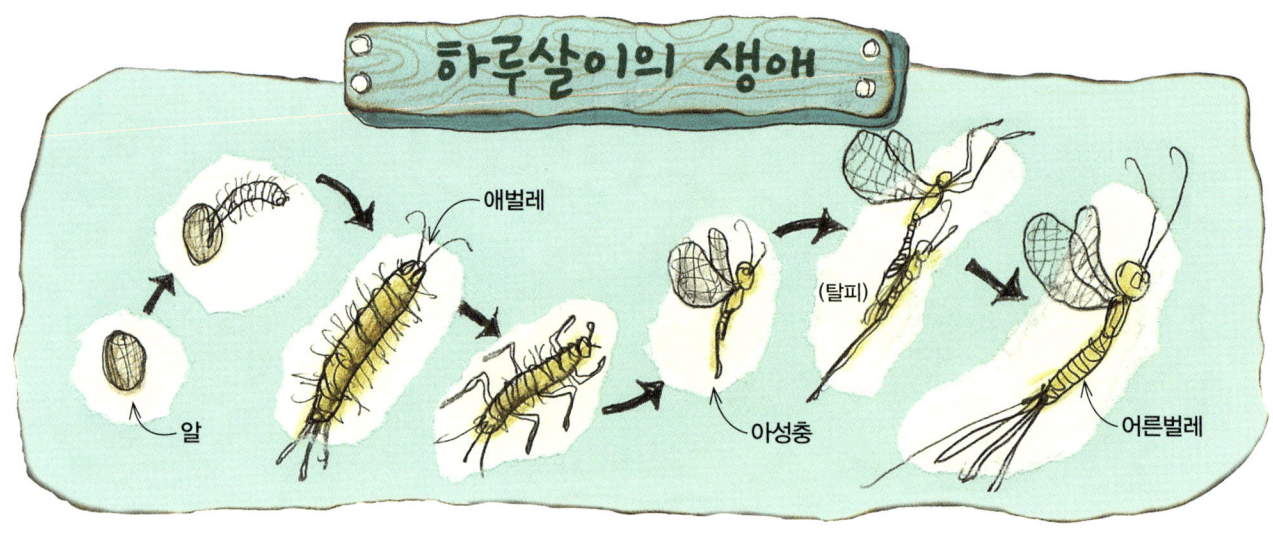

물잠자리는 아주 빨라서 파리나 모기가 나타나면 잽싸게 낚아채서 잡아먹어. 거의 수백 마리씩 먹지. 물잠자리 애벌레도 엄청난 먹보야. 올챙이와 작은 물고기, 곤충을 잔뜩 먹지. 애벌레들은 시내나 연못 바닥에 묻혀 살다가 물잠자리로 변해.

그때 어디선가 갑자기 작은 날벌레들이 나타났어.

"아악! 이게 뭐야?"

깔따구 수천 마리가 내게 달려들었어. 여름 풀숲에서 떼 지어 날아다니는 녀석들이야. 으악, 싫어, 싫어! 무당개구리고 뭐고, 달아나자!

TIP 하루살이는 언제부터 지구에 살았을까? 하루살이는 아주 짧은 시간 동안만 산다고 해서 붙은 이름이야. 하지만 거대한 공룡보다, 사람보다 훨씬 오랫동안 지구에 살았어. 하루살이 화석을 연구했더니, 자그마치 5억 년 전부터 지구에 살았대.

아낌없이 주는 신갈나무

나무는 수십 년, 수백 년을 한결같이 한자리에 서 있어요.
하지만 똑같은 하루는 한 번도 없었어요.

이제 신갈나무는 꽃이 지고 난 자리에 도토리가 자라기 시작했어.

곤충들은 여전히 신갈나무의 살을 파고들고, 알에서 깨어난 애벌레는 쉬지 않고 잎을 먹어 치우지. 우리 다람쥐와 청설모, 고라니도 잎을 먹어. 쥐는 나무를 갉아먹고. 동물들이 잎을 마구 먹어 대기 때문에, 정작 신갈나무는 햇볕을 받아 영양분을 만드는 잎이 부족할지도 몰라. 그래서 잎을 많이 만들지.

"아야!"

아침에 집을 나서는데 머리로 뭔가 툭 떨어졌어. 딱정벌레였어. 우리 신갈나무를 떠나 다른 곳으로 이사를 가는 모양이야.

신갈나무 잎은 여름을 지나며 점점 두꺼워지고 질겨져. 맛도 쓰고 떫게 변하지. 나도 어제 잎을 먹었다가 소화도 안 되고 배탈까지 났다니까. 신갈나무가 이렇게 변하니까, 여리고 맛있는 잎을 먹던 곤충과 애벌레 들이 다른 먹이를 찾아 이사를 가. 하지만 매미 애벌레와 풍뎅이 애벌레는 땅속으로 들어가 신갈나무 뿌리의 영양분을 빨아 먹지.

그동안 무심하게 먹기만 했는데, 오늘 자세히 보니 신갈나무 여기저기에 상처가 나 있어. 지금까지 숲의 동물들에게 자기 몸을 집으로, 먹이로 내주느라 상처가 생겼던 거야. 고마운 우리 신갈나무!

신갈나무는 상처를 치료하기 위해 수액을 흘렸어. 그런데 그 수액을 먹으려고 다른 곤충들이 몰려왔지. 신갈나무에게는 미안한 일이지만, 영양가 많고 맛도 좋은 시원한 수액이 나오니 곤충들이 몰려들 수밖에.

"저리 가. 내가 먼저 발견했어."

"무슨 소리! 나처럼 힘센 곤충이 수액을 차지하는 게 맞지."

나비 중에 힘이 가장 센 왕오색나비, 장수풍뎅이와 톱사슴벌레, 장수말벌은 서로 좋은 자리를 차지하려고 자리다툼을 벌이고 있어. 정작 나무는 아무 말이 없는데, 곤충들은 수액을 자기 거라고 우기며 싸움이 한창이네.

먼저 왕오색나비가 큰 날개를 펄럭이며 다른 곤충을 쫓았어. 하지만 작은 곤충들만 도망가고 크고 힘센 곤충들은 꼼짝도 하지 않았지. 이번에는 투구를 쓴 장수풍뎅이가 톱사슴벌레에게 기세 좋게 덤볐다가 멀찍이 밀려나 버렸어. 힘센 톱사슴벌레가 의기양양해하며 수액을 먹으려 했어. 그러다 여러 마리가 조직적으로 싸우는 장수말벌에게 혼쭐이 나서 바닥으로 떨어지고 말았지. 이번에는 장수말벌 승!

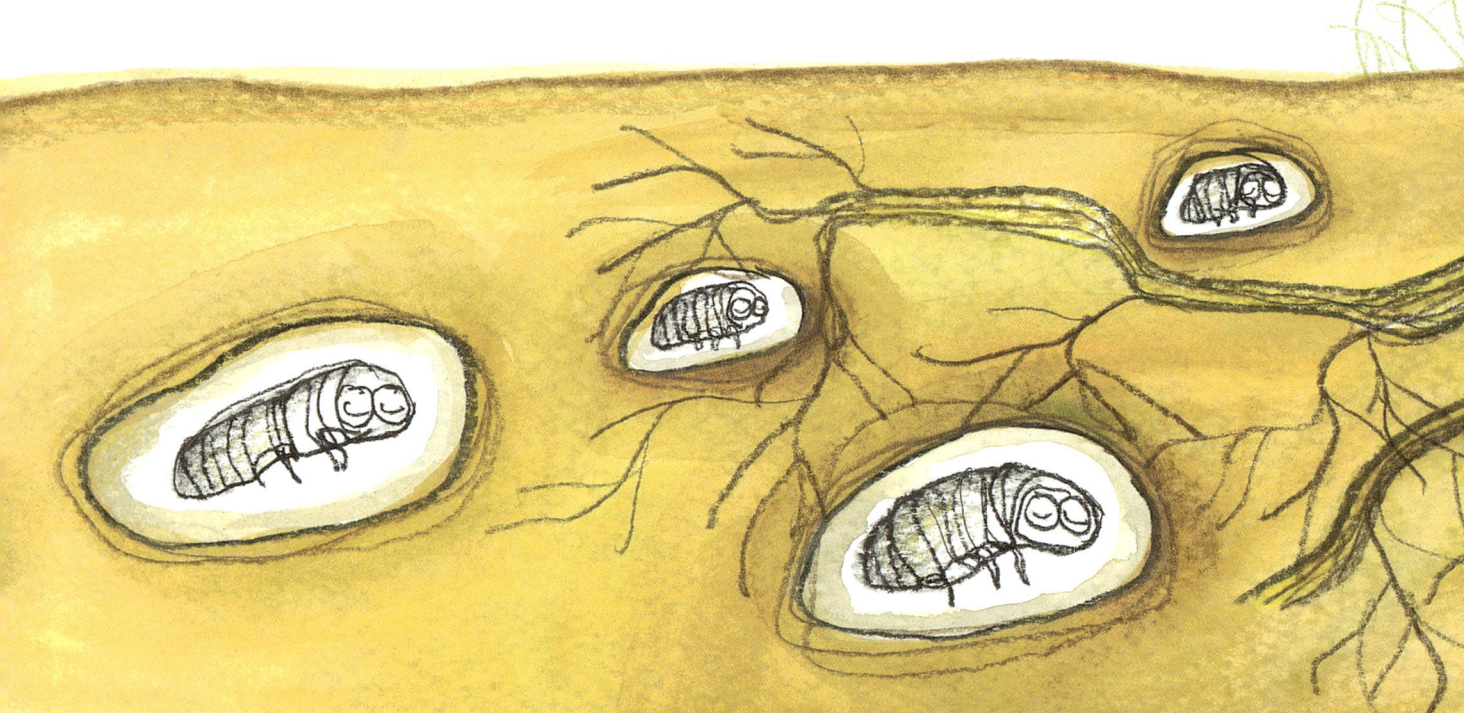

반짝반짝 빛나는 여름밤

쉿, 신갈나무는 깊은 잠에 빠졌어요.
낮의 뜨거운 태양에 지친 나무들은 밤이면 나뭇잎을 접고 잠이 듭니다.
그래야 내일 다시 열심히 양분을 만들 수 있거든요.

　선선한 바람이 부는 여름밤, 살그머니 집을 나와 신갈나무를 올려다봤어. 꼭대기가 보이지 않을 만큼 정말 키가 커. 밤에는 나무도 푹 쉬어야겠지만 한밤중에도 손님들은 계속 찾아오지. 낮에 곤충들이 수액을 서로 먹겠다고 싸우고 돌아간 뒤, 장수풍뎅이와 톱사슴벌레가 슬그머니 다시 왔더라고.

　그리고 수년 동안 땅속에서 지낸 매미 애벌레가 신갈나무를 타고 올라왔어. 낮에 허물을 벗었다가는 개미의 습격을 받거나 눈 밝은 새에게 물려 갈 수도 있거든. 또 서두르다 잘못 움직이면 몸이 찌그러지거나 날개가 제대로 펴지지 않을 수도 있어. 이때가 매미에게 가장 위험하지만, 어른 매미로 변신하는 가장 중요한 순간이야. 여름에 나뭇가지에 붙어 있는 갈색 껍데기가 바로 매미 허물이야. 매미 애벌레는 아주 조심조심 허물을 벗기 시작했어. 갈색의 등이 갈라지더니 연한 연둣빛의 매미 속살이 보였어. 매미는 천천히 허물을 벗었어. 촉촉한 몸이 다 마르면 짙은 갈색의 건강한 매미로 변신하지. 그 광경은 내게도 아주 소중한 순간이었어. 다람쥐는 밤에 잠을 자는데, 밤에만 허물을 벗는 매미를 언제 또 보겠어!

'어? 신갈나무 가지가 움직이잖아?'
매미 애벌레가 허물을 다 벗을 때쯤, 쏘옥 튀어나온 작은 가지가 조금씩 움직이지 뭐야? 나는 자세히 보려고 달려갔지. 가까이 가서 보니 가지가 아니라 자벌레였어. 자벌레는 자나방의 애벌레야. 잎맥까지 남기지 않고 먹어 치우는 먹보지. 움직이는 모습이 아주 귀여워. 머리를 스윽 앞으로 민 다음에 허리를 위로 당겨서 거꾸로 된 브이(∧) 자 모양으로 만들어. 그리고 다시 머리를 앞으로 밀며 움직이지. 자벌레는 한쪽 배를 나뭇가지에 꼬옥 붙이고, 머리를 꼿꼿이 들고 있었어. 마치 작은 나뭇가지처럼 말이야.

그때 갑자기 파드닥, 큰 나비 한 마리가 신갈나무 아래 풀숲에서 날아올랐어. 이상하다, 나비는 낮에만 다니는데. 자세히 보니 나비와 비슷하게 생긴 노랑띠알락가지나방이야. 하얀 날개에 검정과 노랑 점무늬가 아주 예뻤어. 하지만 채 날아오르기도 전에, 갑자기 나타난 올빼미가 휙 채 갔지. 나방은 작고 부드러워서 올빼미 새끼들이 아주 좋아하는 먹이거든.

나무 사이로 반딧불이 수컷이 반짝반짝 빛을 내며 날아다니고 있어. 낮에는 수풀 속에서 쉬다가 밤이 되자 짝을 찾아 나온 거야. 한동안 천천히 날던 반딧불이 수컷은, 예쁜 반딧불이 암컷이 풀잎에 앉아 빛을 내며 자기를 기다리는 걸 보았지. 암컷은 날개가 없어서 날지 못하거든.

여름밤 숲은 반딧불이들로 반짝반짝 빛나. 음, 아름다운 여름밤!

둥지를 떠나는 새들

숲의 동물들은 누가 가르쳐 주지 않아도 어미 품을 떠나야 할 때를 잘 알고 있어요.
어린 동물들은 이제 숲에서 혼자 살아가는 방법을 배울 거예요.

"잘 가, 귀염둥이들!"

박새 새끼들이 둥지를 떠나고 있어.

새끼 오색딱따구리들은 쓰러진 나무를 콕콕 쪼며 먹잇감을 찾지. 그 옆에는 어미 오색딱따구리가 흐뭇한 표정으로 아기 새들을 지켜보고 있어.

"오색딱따구리야, 원앙의 알은 아직도 부화하지 않은 거니?"

"어미 원앙이 열심히 품고 있으니 곧 깨어나겠지."

그때 어미 원앙이 둥지에서 날아올라 신갈나무 주위를 한 바퀴 돌았어. 그러고는 둥지를 향해 지저귀기 시작했어. 드디어 원앙 새끼들이 알에서 깨어났나 봐.

새끼 원앙들은 알에서 나오자마자, 바로 둥지에서 뛰어내려. 아무리 높은 곳이라도 용감하게 뛰어내리지. 깨진 알에서 나는 냄새를 맡고 무서운 황조롱이나 뱀이 찾아올까 봐 서둘러 둥지를 떠나는 거야. 새끼들이 세상 밖으로 나와 살아남는 건 어려운 일이지.

"용기를 내렴, 귀여운 아가들아! 엄마가 함께 있잖니?"

어미 원앙이 둥지 입구에서 새끼들을 응원했어.

드디어 첫째가 둥지에서 뛰어내렸어.
작은 날개와 물갈퀴를 활짝 펴고 말이야.
그래야 공기의 저항을 받아 천천히 떨어지거든.
새끼 원앙들이 차례로 둥지에서 뛰어내려.
"둘째…… 셋째…… 넷째…… 다섯째…… 여섯째……
일곱째……."
새끼 원앙들은 땅에 떨어지자마자, 발딱 일어나서
엄마가 부르는 소리를 따라 시냇가로 달려갔어.

여름, 신갈나무 숲에서 태어나는 새

알에서 깬 새끼 새들이 여름 숲을 배우는 동안,
늦은 봄에 숲을 찾아온 여름 철새들의 짝짓기가 시작됩니다.
곧 여름 철새의 새로운 생명이 태어날 거예요.

신갈나무 숲의 새끼들이 어미 새를 쫓아다니며, 이것저것 배우느라 숲이 시끄러워.

붉은머리오목눈이는 20~30마리 정도가 함께 모여 사는데, 그중 한 마리가 철쭉나무에 항아리 모양의 둥지를 지었어. 둥지는 풀, 가는 나뭇가지 등을 거미줄로 엮어서 아주 튼튼해. 벌써 둥지에 네 개의 푸르스름한 알을 낳고 열심히 품고 있지.

한쪽에선 여름 철새들이 바쁘게 움직여.

쏙독새가 이제 막 땅 위에 둥지를 만들고 알을 낳았어.

동남아시아에서 찾아온 호반새는 물가 근처 썩은 나무에 집을 지어. 호반새는 작은 물고기나 무당개구리, 가재, 곤충을 먹거든. 물가 근처의 나무 밑을 지날 때면, 가끔 '탁탁' 소리가 들려. 호반새가 먹이를 나무에 치는 소리지. 먹이를 기절시키고 부드럽게 만들어서 새끼들에게 먹이려는 거야.

TIP 나는 붉은머리오목눈이야. 뱁새라고도 불려. "뱁새가 황새 쫓아가다 가랑이가 찢어진다."라는 속담 들어 봤지? 나는 그만큼 작고 흔한 텃새야.

붉은머리오목눈이를 보다가, 뻐꾸기를 발견했어. 뻐꾸기는 높은 나뭇가지에 앉아서 붉은머리오목눈이의 둥지를 계속 살펴보고 있어. 해가 질 때까지 내내 근처를 맴돌다가, 붉은머리오목눈이가 잠시 둥지를 떠난 사이 재빨리 둥지로 가서 알을 하나 낳았어. 그러고는 오목눈이의 알을 하나 둥지 밖으로 밀어내고 휘리릭 날아가 버렸지. 뻐꾸기는 붉은머리오목눈이, 개개비, 종달새 등의 둥지에 몰래 알을 낳거든.

잠시 뒤 붉은머리오목눈이가 돌아와서 아무것도 모르고 다시 알을 품기 시작했어. 알을 깨고 뻐꾸기 새끼가 나오면 더 큰일이 생길 거야. 남의 둥지를 차지한 뻐꾸기 새끼는 붉은머리오목눈이보다 먼저 알에서 깨어나. 그래야 다른 알을 모조리 둥지 밖으로 떨어뜨리고, 둥지는 물론이고 어미 새가 가져다주는 맛있는 먹이까지 독차지할 수 있으니까. 뻐꾸기 새끼는 어미 붉은머리오목눈이보다 훨씬 더 크게 자라. 둥지가 비좁을 만큼 자란 다음에는 훌쩍 어디론가 떠나 버리겠지.

"저 얌체. 자기 새끼를 남에게 키우게 하다니……. 뻐꾸기는 우리 숲에서 가장 얌체야!"

나는 화가 났지만 어쩔 수 없어. 얄밉기는 해도 그게 뻐꾸기가 사는 방법인걸.

새뿐 아니라, 다람쥐 새끼들도 건강하게 잘 자라서, 신갈나무 숲을 온통 휘젓고 있어. 벌써 혼자 살 수 있을 만큼 자라다니, 정말 기특하지?

새끼 다람쥐들은 숲 이곳저곳으로 펄쩍펄쩍 뛰어다니며 먹을 수 있는 것은 뭐든지 먹어 봐. 죽어 가는 나무에 붙어 자라는 버섯도 먹어 보고, 풀숲에서 발견한 메뚜기도 풀쩍 뛰어 잡아. 덤불숲에 놓인 새 둥지에서 알도 슬쩍 훔쳐 먹고.

더운 여름을 지나며, 새끼들은 스스로 먹이를 구하는 방법, 위험을 피하는 방법을 배울 거야. 그렇게 숲을 배우며 곧 어른이 되겠지.

꽃보다 붉은 여름 열매

지난봄 서둘러 꽃을 피운 식물들은 뜨거운 여름이 오자 어느새 씨앗이 알차게 자랐어요.
달콤 새콤한 여름 열매도 조롱조롱 익어 숲 속 식구들을 기쁘게 해 주지요.

오늘은 뭘 먹을까? 그래, 여름에는 역시 달콤한 열매지.

신갈나무의 도토리는 아직 초록색 모자를 쓴 채 여물고 있어. 하지만 여름 숲에는 이미 붉게 익은 열매들이 가득하지. 지금쯤 다래도 달콤하게 익고 있겠지? 버찌, 오디, 딸기, 복분자딸기, 산딸기, 보리수 열매……. 와, 여름 열매는 참 많기도 하지?

산딸기는 복분자딸기와 비슷하게 생겨서 헷갈리기 쉬워. 하지만 산딸기는 붉은 색이고, 복분자딸기는 그보다 검붉은 색이니 자세히 보면 구분할 수 있을 거야.

오디는 뽕나무의 열매야. 검붉게 잘 익은 오디는 아주 달콤해. 참, 달콤 씁싸래한 보리수 열매도 빼놓을 수 없지.

TiP 왜 뽕나무란 이름이 붙었는지 알아? 뽕나무 열매인 오디를 먹으면 소화가 아주 잘되지. 그래서 나처럼 뽕뽀옹~ 방귀를 뀌게 된다고 해서 '뽕나무'라고 부른대.

"아, 저기 산딸기다!"

햇볕 잘 드는 산비탈에서 산딸기나무를 발견했어. 잘 익은 산딸기가 조롱조롱 달려 있어. 야호! 땅에 떨어진 산딸기에는 벌써 개미와 풍뎅이가 모여서 잔치를 벌이고 있네. 나도 어서 산딸기 잔치에 껴야지. 음! 맛있어.

산딸기를 먹고 있는데, 신갈나무의 작은
구멍에 사는 박새가 지나가네.
"안녕, 박새야. 너도 산딸기 먹으러 왔니?"
나는 손을 흔들어 인사했어. 산딸기를 먹느라
손바닥이 빨갛게 물들었지.
"나는 보리수 열매를 먹으러 가는 길이야. 빨갛게 잘 익었더라고."
새는 냄새를 잘 맡지 못하지만 눈이 밝아. 그래서 색깔이 화려한 열매를
좋아해.

새가 열매를 먹으면, 열매 속에 있던 씨는 새의 배 속에서 싹 트기 좋게 말랑하고 부드러워져서 새똥에 섞여 나와. 그리고 다음 해 봄, 똥 속의 씨앗은 새똥을 양분 삼아 싹을 틔우는 거지.

식물이 열매를 만드는 이유가 뭔지 아니? 그건 동물들의 먹이가 되어서 씨앗을 멀리 퍼뜨리려는 거야. 달콤 새콤한 열매는 우리 같은 동물들을 행복하게 해 주니까 동물과 식물은 서로를 돕고 사는 거라 할 수 있겠지?

폭풍우, 폭풍우!

신갈나무 잎이 어디선가 불어오는 바람에 파르르 떨려요.
시커먼 먹구름이 신갈나무 숲을 뒤덮고, 숲은 조용히 앞으로 다가올 일을 기다립니다.

번쩍! 우르릉 쾅!

숲이 갑자기 어두컴컴해지기 시작했어. 하늘에 먹구름이 잔뜩 끼고, 멀리서 마른 번개와 천둥 치는 소리가 들려왔지. 폭풍우가 다가오고 있는 거야. 새들은 재빨리 둥지로 돌아가고, 곤충들도 나뭇가지 틈과 땅속으로 숨었어.

후두둑! 빗방울이 한두 방울 떨어지는 것 같더니, 곧이어 하늘에서 쏴 물줄기가 쏟아졌어. 그리고 거센 바람이 불어왔어. 무시무시한 폭풍우가 휘몰아치기 시작한 거야.

세찬 바람이 나뭇가지를 정신없이 흔들자, 약한 가지는 바람을 견디지 못하고 부러졌어. 나뭇잎은 세찬 빗줄기에 우수수 땅으로 떨어졌지. 새들의 둥지도 비바람에 부서지고 흩어져 버렸어.

> **TIP** 나 떨고 있니? 언제쯤 폭풍우가 그칠까? 하긴 그친다 해도 안심해선 안 돼. 산사태가 날 수도 있으니까. 땅속에서 쿵쿵 소리가 들리고, 바람 없이 나무가 흔들린다면 멀리 피해야 해!

비는 땅속으로 스며들어. 흙을 꽉 움켜쥐고 있던 나무뿌리도 힘이 약해지지. 땅속에선 빗물이 뿌리를 흔들고, 땅 위에선 세찬 바람이 나무를 쉬지 않고 흔들어 대는 거야.
쿵, 결국 바람과 비의 공격을 견디지 못하고 나무가 쓰러지고 말았어.

죽은 나무가 만들어 내는 그늘 나라

폭풍우를 견디지 못하고 큰 나무들이 쓰러졌습니다.
나무가 쓰러진 곳에 환한 햇빛이 쏟아져요.
어둡고 축축했던 숲에 새로운 생명이 고개를 들어요.

며칠 동안 쉬지 않고 쏟아지는 폭풍우는 정말 무서워. 숲의 모습을 바꿀 정도로 힘이 세.

폭풍우는 잠잠해졌지만, 신갈나무에서 내려다본 숲은 정말 아수라장이었어. 바닥에는 비바람에 떨어진 잎이 수북하고, 키 큰 나무는 뿌리째 뽑혀 쓰러졌어. 나무가 서 있던 땅은 큰 구멍이 뚫린 채 검붉은 흙이 다 드러났지.

"여기가 도대체 어디지? 우리 숲이 맞나?"

내 보금자리는 떠내려온 흙으로 막히고, 새 둥지들이 바닥에 내팽개쳐져 있었어. 나무가 쓰러진 자리로 빛이 쏟아져 들어왔어. 그러자 큰 나무에 가려져서 잘 자라지 못했던 작은 나무가 이때를 놓치지 않고 가지를 뻗고 한 뼘이나 자랐어.

햇빛은 숲 바닥까지 들어와 땅속에서 잠자고 있던 씨앗을 깨워 못 보던 싹을 돋게 했지.

뿌리째 뽑힌 밤나무 위로 이름 모를 씨앗이 날아왔어. 이 씨앗은 바닥에 자리한 식물보다 먼저 햇빛을 받을 테니 경쟁할 필요 없이 마음껏 자라게 될 거야.

> **TIP** 이미 죽은 나무에는 반원 모양의 검은 갓을 쓰고 있는 구름버섯이, 그루터기에는 먹물버섯이 무더기로 자라고 있어. 공 모양인 갈색 통버섯도 있네. 땅에는 우산처럼 생긴 하얀 독우산광대버섯이 있어. 처음엔 원뿔 모양으로 뾰족하던 갓이 차츰 평평하게 펴지지. 독성이 강해서 먹으면 죽을 수도 있으니 조심해야 해.

"웬 버섯이지?"

낙엽이 쌓인 축축한 땅에 노란 그물을 뒤집어 쓴 것 같은 노란망태버섯이 자랐어. 죽은 나무와 잎의 영양분을 빨아 먹고 순식간에 자란 거야.

내가 노란망태버섯을 살짝 건드렸더니 아주 작은 알맹이들이 퍼져 나왔어.

"에취!"

버섯의 포자야. 버섯의 갓 아래에는 주름이 많이 있는데, 주름 사이에 포자가 가득해. 포자는 다른 식물의 씨앗과 같은 역할을 하지. 이 포자가 어딘가에 닿으면 곧 새로운 버섯으로 자랄 거야. 버섯은 순식간에 자란 것처럼, 포자를 남기고 한순간에 삶을 마쳐.

버섯은 아주 중요한 일을 하지. 버섯은 죽은 나무나 늙은 나무에 붙어살면서, 나무를 분해하고 흙으로 되돌아가게 하거든. 그래서 버섯을 '숲의 청소부'라고 불러.

그런데 말이야, 만약 버섯이 없다면 어떻게 될까? 떨어진 잎이나 죽은 나무가 흙이 되지 않고 그 자리에 그대로 쌓인다면 어떻게 될까? 아마 새로운 식물이 자랄 공간이 없을 거야.

비바람에 쓰러진 나무, 늙고 병들어 죽은 나무는 다른 수많은 생명을 재워 주고 먹여 주지. 작고 연약한 버섯은 숲이 오랫동안 살아 있게 하고 말이야. 숲에는 어느 것 하나 중요하지 않은 게 없어.

여름을 보내는 매미의 노래, 맴맴맴

파란 하늘이 점점 높아지고 바람이 선선해져요.
신갈나무에서는 매미들이 여름의 마지막을 노래합니다.

숲이 조금 서늘해지자, 여름 철새가 다시 따뜻한 나라를 찾아 떠날 준비를 해. 뻐꾸기, 호반새의 새끼들은 어미 새가 물어다 주는 먹이를 먹으며 금세 자라.

숲의 식물들도 계절에 맞게 변하고 있어. 여름에는 뜨거운 햇볕을 받고 장맛비를 마시며 쑤욱쑥 자랐지만, 곧 가을을 맞아야 하니까. 밤나무와 산딸나무, 소나무도 더 이상 크지 않아. 대신 열매가 옹골지게 익어 가지.

신갈나무의 도토리도 연한 초록빛에서 갈색으로 변해 가고, 잎도 가장자리부터 조금씩 누렇게 변하지.

"쓰르람 쓰르람 쓰르라미, 치르르르 치르르르 유지매미, 참매미는 맴맴맴."

며칠 전부터, 쉴 새 없이 노래하던 매미의 노랫소리가 잦아들었어. 짝짓기를 끝내고 수명을 다한 매미들이 바닥으로 떨어졌거든. 하지만 매미는 이미 건강한 알을 나무속에 낳았어. 매미 알은 곧 애벌레로 자라고, 애벌레는 땅속으로 파고 들어가서 나무즙을 먹으며 수년 동안 살 거야. 그리고 어느 여름날 땅 위로 올라와 우리에게 노래를 들려주겠지.

"귀뚤귀뚤귀뚤, 귀뚤귀뚤."

매미의 노래가 잦아드는 늦여름 숲에는,
귀뚜라미의 노랫소리가 정겨워.

신갈나무 숲의 가을

봄여름 쉬지 않고 일한 나무들은
알찬 열매를 맺었습니다.
이제는 조금 쉬며, 알록달록 단풍으로 치장을 합니다.
동물들은 열매를 먹으며 통통하게 살이 오릅니다.
가을, 신갈나무 숲에는 풍성한 잔치가 벌어집니다.

신갈나무를 가지치기하는 도토리거위벌레

신갈나무는 잎을 갈색으로 물들이며, 도토리가 잘 영글기만 기다려요.
그런 신갈나무에게 다시 한 번 고비가 찾아옵니다.

"아이코, 깜짝이야!"

나는 화들짝 놀랐어. 갑자기 위에서 신갈나무 가지가 떨어졌거든.

나뭇가지는 계속 떨어졌어. 툭, 툭, 툭!

이게 무슨 일이지? 그러고 보니, 주위가 온통 잘린 신갈나무 가지로 뒤덮였어. 떨어진 가지는 아직 진한 녹색의 싱싱한 잎을 달고 있고, 채 익지 않은 귀여운 도토리를 매달고 있어. 병들거나 시들어서 저절로 떨어진 나뭇가지는 아니었지. 분명 어떤 고약한 녀석의 짓이 틀림없어.

'감히 우리 신갈나무 가지를 자르다니.'

어떤 녀석의 짓인지 찾아봤지만, 나뭇가지를 자르는 녀석은 눈에 띄지 않았어.

툭, 툭. 신갈나무 가지는 계속 떨어졌어.

나는 떨어진 나뭇가지를 들여다봤어. 증거를 발견하려는 탐정처럼 말이야.

"음…… 가지와 잎에는 아무 이상이 없군. 그럼 도토리는 어떻지?"

아직 녹색인 도토리 모자에 작은 구멍이 있었어. 음, 이건 분명…….

"도토리거위벌레 짓이지."

TIP 도토리에 도토리거위벌레가 있다면, 밤에는 우리 밤구미가 있지. 밤 먹다 보면 애벌레가 나올 때 있지? 그게 바로 우리야. 밤구미는 긴 주둥이로 밤에 구멍을 뚫어서 그 속에 알을 낳아. 부화한 알은 밤을 먹고 자라지.

청설모였어. 어느 틈에 신갈나무 가지 사이에서 얼굴을 뾰족이 내밀고 있더라고.

범인을 밝히는 기쁨을 빼앗다니, 정말 어쩜 저렇게 얄미울 수가 있을까?

"도토리에 난 구멍은 도토리거위벌레가 판 거야. 그 속에 알을 낳거든. 그런 다음에 톱처럼 생긴 턱으로 도토리가 달린 가지를 잘라 땅으로 떨어뜨리는 거지."

청설모는 계속 잘난 척을 했지.

"그건, 알이 애벌레가 되면 도토리 속살을 먹고 자라는데, 다 익은 도토리는 딱딱해서 먹기 어렵잖아. 그래서 도토리가 더 이상 익지 못하게 가지를 자르는 거야."

"청설모야, 너는 모르는 게 없구나."

나는 얄미웠던 마음도 잊고 엄지손가락을 세워 보였어.

색동옷으로 갈아입는 나무들

가을을 맞아 숲이 새 단장을 해요.
여름내 짙은 초록 옷을 입고 맘껏 자란 나뭇잎들, 이제 알록달록 새 옷으로 갈아입어요.

"에취!"

낮에는 여전히 햇볕이 따뜻하지만, 아침저녁으로는 서늘해졌어.

우리 신갈나무 주위는 도토리거위벌레가 잘라 낸 가지가 아직도 바닥에 수북하게 쌓여 있어. 신갈나무에 도토리가 남아 있을까?

"아, 신갈나무가 갈색 옷으로 갈아입고 있네!"

햇볕이 약해지는 가을이 되면, 봄여름 동안 햇볕을 받아 열심히 영양분을 만들었던 녹색 잎은 쉬게 되거든. 주위를 둘러보니, 나무들은 어느새 알록달록한 새 옷으로 갈아입고, 자기 본래의 색을 뽐내고 있어. 은행나무와 계수나무, 생강나무는 잎을 노랗게, 단풍나무와 벚나무는 빨갛게, 신갈나무와 밤나무는 갈색으로 단풍이 들었어.

아, 들어 봐! 풀숲 여기저기서 정겨운 노랫소리가 들려.

귀뚤귀뚤, 수컷 귀뚜라미가 암컷을 불러.
찌르르릉 찌르르릉, 방울벌레가 제짝을 찾아 노래해.

> **TIP** 잎이 초록색인 이유는 잎 속의 초록색 엽록소 때문이야. 엽록소는 햇빛을 받아서 식물에게 필요한 영양분을 만들지. 그런데 가을이 되면, 엽록소가 사라지고 나뭇잎의 원래 색깔이 나타나. 이렇게 엽록소가 사라진 잎을 단풍이라 불러.

찌르릉 찌르릉!
오, 그대여!
어디 계시나요?

작은 가을꽃이 피어요

단풍이 화려하게 숲을 수놓을 무렵,
숲 한 모퉁이에선 수수하지만 앙증맞은 가을꽃이 피어나요.

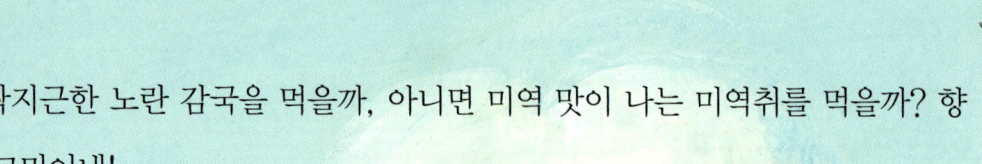

달짝지근한 노란 감국을 먹을까, 아니면 미역 맛이 나는 미역취를 먹을까? 향긋한 고민이네!
"혼자서 뭘 중얼거리니?"
코앞에서 살랑살랑 날갯짓하는 건, 빨간 고추잠자리였어. 정확하게는 빨간 수컷 고추잠자리. 수컷은 아주 빨갛고 암컷은 주황빛이 나거든. 고추잠자리는 예쁜 짝을 찾으러 가는 길이래.
"어떤 꽃을 먹을지 생각했어. 가을이 되니까 먹어도 먹어도 자꾸만 먹고 싶네."
"크크. 냇가에 꽃이 많이 피었더라. 마침 나도 냇가에 가는 길이야."

감국

잠자리는 물속에 알을 낳으니까, 알 낳기 좋은 곳에서 암컷 고추잠자리를 만나나 봐.
"나랑 같이 가자."
고추잠자리가 앞장섰어.
울긋불긋 단풍 든 나무들을 지나자, 노란 감국과 하얀 구절초가 줄지어 피어 있는 산길을 만났어. 와, 예쁘다! 나는 활짝 핀 감국 한 송이를 따서 입에 물었어. 고추잠자리는 구절초 꽃밭 위를 빙빙 돌더니, 다시 앞장섰어.

모두들 반가워!

우리는 오이풀, 배초향이 끼리끼리 모여 자란 비탈길을 내려가서, 시내에 도착했어.

"우아! 정말 멋지다!"

앙증맞은 고마리가 시냇가를 온통 뒤덮었어, 맑은 물이 흐르는 시내 위로는 고추잠자리들이 빙글빙글 한자리를 맴돌기도 하고, 쏜살같이 휙 어딘가로 돌진하기도 했어. 파랗게 높은 가을 하늘을 무대로 한가로이 춤을 추는 듯이 보였지.

하지만 보이는 게 다가 아니야. 수컷 고추잠자리들은 암컷 고추잠자리를 차지하려고 서로 싸움도 마다하지 않거든. 수컷 고추잠자리는 짝짓기가 끝나면 암컷 고추잠자리가 물속에 무사히 알을 낳을 때까지 함께 있어.

나는 냇가에 털썩 주저앉아, 귀여운 고마리꽃을 냠냠 먹기 시작했어. 얼핏 보면 고마리꽃은 손톱만 한 꽃처럼 보이지만, 자세히 보면 아주 작은 꽃이 수십 송이가 모여 있어. 아주아주 자세히 보면, 그 작은 꽃 한 송이가 얼마나 예쁜지 알 수 있을 거야.

TIP 코스모스는 가을을 알리는 꽃으로 알려져 있어. 하지만 여름에서 가을에 걸쳐 피는 꽃이야. 그리고 우리나라 토종 식물이 아니라, 멕시코가 고향이지.

미역취

숲을 떠나는 새, 찾아오는 새

숲의 기온이 내려가자, 여름 철새는 서둘러 남쪽으로 떠나요.
그 빈자리에 겨울 철새들이 찾아옵니다.

원앙 가족이 스르륵 물을 타고 내려왔어. 여름에 짝짓기를 끝낸 수컷 원앙은 암컷처럼 깃털이 어둡게 변했어. 여름에 태어난 새끼 원앙 형제는 갈퀴가 날카로워지고 날개도 커졌지.

원앙 가족은 추운 북쪽에서 온 원앙들과 함께 있어. 일 년 내내 우리와 함께 사는 원앙도 있지만, 일정 시기만 머무는 원앙도 있거든. 이들은 가을에 찾아와 우리 숲에서 겨울을 보내고 내년 봄에 떠날 거야.

참, 내가 원앙의 비밀을 하나 알려 줄게.

원앙이 주로 물고기만 먹을 것 같지? 실은 말이야, 도토리를 가장 많이 먹어. 나처럼! 크크.

가을은 새들의 이사 철이야. 뻐꾸기, 호반새 같은 여름 철새들은 하나둘 따뜻한 남쪽으로 떠나고 있어. 새로 이사 온 갈색양진이, 개똥지빠귀 같은 겨울 철새들은 둥지를 짓느라 바쁘지.

어느새 날이 어두워졌네. 되새가 수십 마리씩 몰려다니며 소란스러워.

TiP 추울 때 만나는 친구들이 있어. 바로 겨울 철새들이지. 가을에 와서 봄까지 우리나라에서 지내. 겨울 철새로는 청둥오리, 청머리오리, 논병아리, 콩새, 황여새, 두루미, 고니, 쇠기러기 들이 있어.

가을 열매

점점 커지던 나무 열매들이 붉은 색으로, 보라색으로, 갈색으로 잘 익었어요.
가을 숲이 풍성해집니다.

난 가을이 좋아. 왜냐고? 맛있는 음식이 가득하니까.

"그래, 오늘은 고소한 잣을 먹으러 가자."

잣나무에는 이미 동고비, 어치, 박새, 곤줄박이와 청설모가 모여 잣 잔치를 하고 있어.

나는 저 높이 있는 잣송이를 향해 쪼르르륵 달려 올라갔어. 잣나무는 키가 아주 큰 데다, 잣송이가 나무 꼭대기에 달려서 따기가 쉽지 않지.

청설모는 큰 잣송이를 떨어뜨린 다음, 잽싸게 땅으로 내려가. 두 손으로 잣송이를 꼭 잡고 잣을 빼내서 앞니로 까먹어. 새들은 잣나무 가지에 앉아 큰 잣만 쏙 빼서 튼튼한 부리로 깨 먹고. 나도 다른 친구들에게 질세라, 큰 잣송이를 골라서 열심히 먹었어.

"잣만 먹었더니, 목이 마른걸? 과즙 있는 열매를 먹으러 가자."

곤줄박이가 푸드득 날아오르며 말했어. 산딸나무와 산수유, 찔레, 마가목, 꽃사과의 빨간 열매와 짙은 보라색의 작살나무, 까만 오가피 열매까지, 가을 숲에는 화려한 색의 새콤달콤한 과일이 가득하거든.

"좋았어."

나는 곤줄박이를 따라갔어. 곤줄박이는 주목나무에 내려앉았어. 반짝이는 크리스마스트리처럼 빨간 열매가 달려 있었어. 우리는 주목 열매를 따 먹었어. 가을에 이렇게 많이 먹는 건, 몸 안에 지방을 쌓아 겨울을 무사히 보내기 위해서야.

씨앗들의 여행

나무와 풀은 씨앗을 만들기 위해 봄부터 쉬지 않고 일했어요.
이제 소중한 씨앗을 더 멀리, 더 많이 퍼뜨리는 일만 남았어요.

잣은 맛있지만, 끈적끈적해서 싫어. 몸 여기저기에 잣 비늘, 잣 껍데기가 잔뜩 붙었지 뭐야. 하지만 불평할 수는 없어. 다 그럴 만한 이유가 있거든.

숲에 사는 모든 식물, 동물 친구들은 자손을 만들려고 해. 식물은 열매 속의 씨앗을 퍼뜨리려고 하지. 잣나무의 열매가 바로 잣이야. 잣나무는 잣이 무사히 땅에 뿌리를 내리고 자라기를 바라는데, 우리 같은 동물이 다 먹어 버리면 곤란하잖아. 그래서 잣송이를 나무 꼭대기에 달리게 하고, 끈적끈적하게 만들어.

참나무가 도토리를 떫게 만들고, 밤나무가 밤송이에 가시를 만드는 것도 소중한 씨앗을 지키려는 거지.

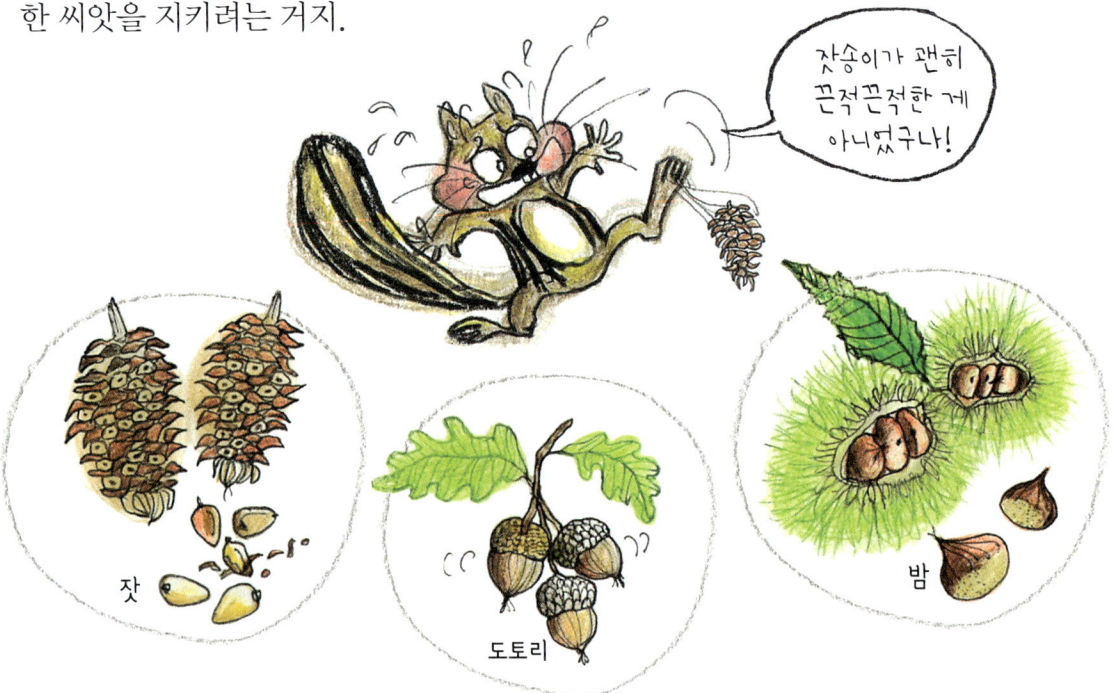

식물이 열매를 만들고 나면, 열매 속 씨앗을 적당한 땅에 뿌리 내리게 하고 자라게 해야 해. 그런데 씨앗이 부모 식물 곁에 자리 잡으면, 부모의 잎과 가지에 햇빛이 가려 제대로 자랄 수 없지. 물과 영양분을 두고 서로 경쟁하지 않도록 씨앗을 멀리 보내야 해. 움직일 수가 없는 식물은 멀리 갈 수 있는 나름의 방법을 갖고 있지. 우리 동물들도 씨앗이 이동하는 데 도움을 주고 있어.

겨울을 준비하는 숲의 친구들

도토리는 새로운 신갈나무로 자랍니다.
매서운 겨울을 버텨야 하는 숲의 동물들에게 머지않아 소중한 식량이 되어 줄 거예요.

"하나, 둘, 셋, 넷, 다섯!"

나는 정신없이 볼주머니에 도토리를 넣었어. 이러다 볼주머니가 터지는 것은 아닐까? 요즘 나는 무척 바빠. 겨울맞이 준비를 하거든. 추운 겨울에는 나무들이 더 이상 열매를 새로 만들지 않아서, 가을에 저장해 둔 먹이로 겨울을 보내야 하지.

그래서 지금, 볼주머니에 도토리를 가득 넣어서 집으로 옮겨 쌓고 있어. 땅속이나 바위틈, 나무 사이에도 도토리를 숨길 거야.

오늘은 청설모, 어치, 곤줄박이도 신갈나무에 찾아왔어. 어치는 도토리 네 개를 통째로 삼켜서 모이주머니를 채우더니 어디론가 푸드득 날아갔어. 그리고 금세 다시 돌아왔어. 숲 여기저기에 도토리를 숨겨 두고, 낙엽이나 이끼로 잘 덮어 두고 왔겠지.

곤줄박이는 하루에 도토리를 300개나 저장할 수 있어. 청설모도 쉬지 않고 먹이를 저장하지.

참, 겨울 먹거리 준비가 끝나면, 이번에는 집에 낙엽을 깔아서 따뜻하게 만들어야 해. 겨울은 아주 춥고 기니까.

TIP 동물들은 도토리 숨긴 장소를 다 기억하지는 못해. 남겨진 도토리가 부지런히 뿌리를 내리고 다음 해 새싹을 틔우고, 숲을 푸르게 만드는 참나무로 자라지.

낙엽과 버섯 이야기

가을 숲을 수놓았던 단풍이 말라 버리고 결국 땅으로 떨어져요.
수북이 쌓인 낙엽 밑에서 버섯이 삐죽 머리를 내밉니다.

휘리릭.

낙엽이 가을바람에 이리로 휩쓸려 오더니, 저리로 굴러가고 있어. 제자리에서 빙글빙글 춤을 추기도 해. 나무는 양분을 만들던 나뭇잎이 제 할 일을 마치자, 미련 없이 땅으로 떨어뜨렸어.

"나무는 참 매정한 것 같아."

"철없는 소리 하지 마."

달팽이였어. 달팽이는 축축하게 젖은 낙엽 사이에서 능이버섯을 먹고 있었어.

"나무가 춥고 메마른 겨울에 죽지 않으려면 나뭇잎을 떨어뜨릴 수밖에 없다고. 그렇지 않으면 잎을 통해 수분이 다 날아갈 거야. 나무가 얼어 죽을 수도 있지. 넌 그것도 모르니?"

이 달팽이는 청설모보다 더 얄미워.

TIP 줄기나 나뭇가지에 맞닿은 부분을 '잎자루'라고 하는데, 가을이 되면 여기에 '떨켜'라는 특수한 세포층이 생겨서 잎이 가지에서 떨어지게 하지.

와! 크다.

싸리버섯

낙엽이 쌓인 땅에서 능이버섯, 목이버섯, 싸리버섯이 자랐어. 큰 나무에는 흰 털이 복슬복슬한 노루 엉덩이와 닮은 노루궁뎅이버섯이 자리 잡았지.

"가을엔 역시 버섯이지. 내가 버섯과 낙엽의 관계에 대해 좀 알려 주지. 우선 낙엽이 땅에 떨어지면 말이야, 그걸 지렁이, 쥐며느리 같은 작은 곤충도 갉아 먹지만 버섯과 이끼도 낙엽을 먹고 자라거든……."

으……. 이 달팽이는 청설모보다 잘난 체까지 심하잖아.

이제 곧 겨울이

춥고 배고픈 겨울이 다가와요.
숲의 동식물은 겨울 준비를 끝냈습니다.

"추운 겨울 동안, 안녕!"

나는 우리 신갈나무 꼭대기에 올라가서 숲을 내려다보았어. 긴 겨울 동안 볼 수 없을 테니까 지금 실컷 봐 둬야지. 이럴 게 아니라 한 바퀴 도는 게 좋겠다. 친구들에게 작별 인사를 해야지.

"안녕, 두껍아. 넌 아직 겨울잠을 안 자는구나?"

두꺼비는 느릿느릿 신갈나무 앞을 지나고 있어.

"난 지금 짝짓기를 해야 해. 그런 다음에 겨울잠을 잘 수 있지."

그러고 보니 봄에 다른 친구들이 겨울잠에서 깨어나 짝 찾으러 다닐 때, 두꺼비는 알을 낳았구나.

나는 두꺼비에게 인사를 하고 숲을 둘러보러 나섰어.

청설모가 나무 위로 휙 날 듯이 뛰어가네. 보니까 이미 겨울털로 갈아입었어. 몸에 긴 털이 빽빽하게 나고, 귀에도 긴 털이 났지. 청설모는 겨울잠을 자지는 않지만 집에 있는 시간이 많아져.

두꺼비

청설모

물가로 나오니 원앙들이 나뭇가지에서 꾸벅꾸벅 졸고 있어. 원앙 같은 새들도 솜털이 많은 촘촘한 날개깃으로 갈아입고 겨울을 준비하지. 가을에는 동물들이 가장 뚱뚱해져. 먹이를 많이 먹어 둬야 배고픈 겨울을 보내는 데 도움이 되거든. 실컷 먹고는 긴 겨울잠을 자지.

동물뿐 아니라 나무들도 춥고 힘든 겨울을 나기 위한 준비를 끝냈어. 온몸에 흩어져 있던 영양분을 줄기와 뿌리로 다 모으고 필요 없는 나뭇잎도 다 떨어뜨렸지. 단단한 가지만 남겨 겨울을 이겨 낼 거야.

숲을 둘러보고, 다시 신갈나무 아래 우리 집으로 돌아왔어. 나도 이제 긴 겨울잠을 자야지.

"털도 길고 빽빽하게 잘 자라서 따뜻하고, 푹신한 침대도 준비되었고, 알이 꽉 찬 도토리도 잔뜩 준비했고……. 음, 겨울 준비 끝! 이제 푹 자자!"

나는 길고 탐스러운 꼬리를 둥글게 말아서 얼굴을 파묻었어.

"아, 편안하다. 내년엔 꼭 멋지고 따뜻한 짝을 찾아야지. 쿠울, 쿨!"

신갈나무 숲의 겨울

매서운 겨울바람이 신갈나무 숲을 때립니다.
나무는 앙상하게 마르고, 동물들은 보이지 않습니다.
두꺼운 눈 이불 속에서 신갈나무 숲은
숨을 고르며 기다립니다.
새봄이, 소리도 없이 신갈나무 숲에 찾아오고 있습니다.

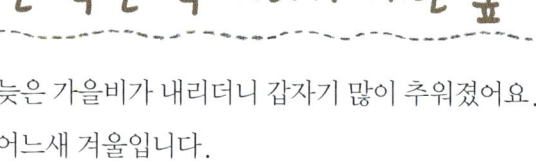

반짝반짝 서리가 내린 숲

늦은 가을비가 내리더니 갑자기 많이 추워졌어요.
어느새 겨울입니다.

투두두두둑, 투두두두둑.

나는 빗소리에 겨울잠에서 깼어. 사실 겨울잠은 깊은 잠에 빠지는 게 아니라, 살짝 조는 정도야. 배가 고프거나 날씨가 따뜻해지면 잠에서 깨어나 먹이를 먹고, 다시 자는 일을 반복하지.

오늘은 숲 여기저기에 숨겨 둔 도토리를 찾아올 거야. 밖으로 나오니, 땅을 덮은 낙엽 위로 서리가, 나뭇가지에는 투명한 성에가 반짝반짝 빛났어. 정말 겨울이구나.

"호오."

입김이 하얗게 나왔어. 코도 차가웠지.

바싹 마른 신갈나무에서는 바람이 불 때마다 몇 장 남지 않은 갈색 잎이 떨어져.

가을 숲을 붉게 물들였던 단풍잎도 바삭하게 말라서 떨어지고, 빈 가지에는 프로펠러 모양의 단풍나무 열매만 남았지. 단풍나무 열매는 바람이 불면 빙글빙글 돌며 자기가 뿌리 내릴 곳으로 날아갈 거야.

신갈나무 숲이 아주 조용해. 친구들은 다들 어디로 간 걸까?

"집에 저장해 둔 먹을거리를 벌써 다 먹은 거야?"

웬일로 청설모가 먼저 인사를 하네. 내가 보고 싶었던 게 분명해.

"응, 창고에서 가져와야 해. 그런데 다른 친구들은 다 숲을 떠난 거야? 숲이 아주 조용하네."

"네 호기심은 쉬는 법이 없구나. 다들 숲에 있어. 숲이 조용한 건 수다쟁이가 겨울잠을 자기 때문이지. 바로 너 말이야."

청설모가 신갈나무를 타고 쪼르르 올라갔어. 청설모는 겨울잠을 자지 않는 대신, 움직이는 시간이 짧아져. 추위를 견디려면 에너지를 아껴야 하기 때문이야.

"다들 어디 간 거야? 나만 일어난 거야? 왜 이렇게 조용한 거야?"

"안녕! 수다쟁이."

바스락.

"어? 이게 무슨 소리지?"

나는 귀를 쫑긋 세웠어.

바스락.

"누구야?"

나는 얼른 뒤를 돌아보았어. 아무도 없었지. 이 소리는 뭘까? 아하! 내가 낙엽 밟는 소리잖아. 괜히 겁먹었네. 다시 마음 편하게 도토리를 숨겨 둔 창고로 달려갔어. 바스락거리는 소리가 계속 나를 따라왔지.

내 첫 번째 창고는 계곡 위에 있는 큰 바위들 틈에 있어. 탱글탱글 잘 여문 도토리를 가을에 잔뜩 숨겨 놓았지. 낙엽과 작은 돌로 감춰 둔 창고에서 도토리를 꺼내 볼주머니에 넣었어.

계곡물이 많이 줄어서 물 위로 바위가 뾰족이 나왔어. 물살이 느린 가장자리에는 살얼음이 얼었지. 그래도 차가운 물을 헤치고 청둥오리와 흰뺨검둥오리 들이 어울려 헤엄치고 있어. 몇몇은 볕이 드는 바위에 올라가 쉬고 있네. 오리들은 오후가 되어 덤불로 쉬러 가기 전까지는, 추운 날에도 물에서 헤엄을 쳐.

"청둥오리야, 춥지 않니?"

"괜찮아. 물은 아주 차갑지만, 우리는 추위에 대비해서 가을에 잔뜩 먹고 몸에 지방을 쌓았거든. 깃털도 더 두껍고 촘촘해져 따뜻해."

오리들은 무리에서 멀리 떨어지지 않으려고 조심해. 가끔 먼 곳까지 혼자 헤엄쳐 가는 오리에게는 오리 대장이 날개를 퍼덕이며 주의를 주지. 마치 "위험해. 빨리 무리로 돌아와."라고 말하는 것 같아.

온 세상을 하얗게 덮은 눈

밤새 눈이 내려 숲에 차곡차곡 쌓입니다.
눈 덮인 숲은 새로운 곳으로 변합니다.

신갈나무 숲에 눈이 왔어. 눈이 온 날은 날씨가 포근해져. 나는 또 잠에서 깨어 먹이를 찾으러 나왔어. 숲은 두터운 솜이불을 덮은 것처럼 하얗게 변했지. 눈밭에 찍힌 발자국이 냇가를 향해 있어. 토끼와 고라니 들이 물을 마시러 간 모양이야.

"와, 예쁘다."

감탄이 저절로 나올 만큼 눈 쌓인 숲은 아름다워. 마른 나뭇가지에는 하얀 눈꽃이 피고 차가운 바위에도 눈이 덮여 있지. 나뭇가지에 쌓인 눈이 녹아 물방울이 떨어져서, 바닥을 덮은 눈에 작은 구멍들을 만들었어. 눈 덮인 신갈나무 숲은 마치 다른 숲 같아.

눈은 아름답지만, 숲에 사는 친구들은 눈 때문에 굶주려야 해. 겨울 숲은 먹을 것이 별로 없어. 친구들은 말라 버린 풀이나 바위와 나무에 붙은 이끼와 버섯을 먹고, 바닥에 떨어진 열매, 씨앗을 먹으며 겨울을 보내. 그런데 눈은 얼마 남지 않은 먹을거리마저 다 덮어 버리지.

눈 쌓인 숲에서 키 작은 풀은 잘 보이지 않아. 키가 큰 풀만 겨우 눈 위로 머리를 내밀고 있어.

겨울에 더욱 화려하게 빛나는 나무들도 있어. 바로 덩굴 식물이야. 다른 나무나 바위를 타고 자라는 송악은 푸른 잎을, 청미래덩굴은 노랗게 물든 단풍잎을 자랑하고 있어. 나이 많은 나무를 칭칭 감은 청미래덩굴에는 붉은 열매가 먹음직스럽게 달려 있네. 하지만 조심해야 해. 가지에 날카로운 가시가 있거든. 일엽초 역시 다른 나무에 붙어서 눈 위로 푸릇한 잎을 내밀고 있어.

댕댕이덩굴은 잎은 떨어졌지만, 작은 포도 알처럼 생긴 까만 열매가 바람에 흔들리고 있어. 마침 쑥새 한 마리가 댕댕이덩굴을 찾아왔어.

"여기, 먹을 게 있어!"

쑥새가 소리쳤어.

새들이 맞이하는 겨울 숲

앙상한 덤불숲에서 푸드득 새들이 날아오릅니다.
겨울 숲은 새들이 있어 외롭지 않아요.

쑥새의 외침에 갑자기 새 수십 마리가 댕댕이덩굴로 날아왔어. 검은머리방울새, 되새도 있네. 새들이 댕댕이덩굴에 내려앉자, 덩굴이 아래로 쑤욱 휘어졌지. 다들 열심히 댕댕이덩굴 열매를 따 먹고 있네.

"와! 이렇게 많은 새를 한 번에 본 건 처음이야. 너희들은 다 함께 지내니?"

나는 쑥새에게 물었어. 쑥새는 우리나라에서 가장 흔한 겨울 철새야.

"응. 겨울엔 먹을 것을 찾기 어렵잖아. 여럿이 함께 있으면 그래도 찾기 쉽지. 또 우리를 잡아먹는 동물들을 피하기도 쉬워. 내가 안심하고 먹는 동안 누군가는 경계를 서니까 말이야."

쑥새는 말하면서도 연신 주위를 살피고 있었어.

"그렇구나. 겨울엔 여럿이 함께 있어야 안전하구나."

"추울 때 서로 딱 붙어 있으면 서로의 체온으로 따뜻해지지."

검은머리방울새였어.

"맞아, 맞아, 맞아."

댕댕이열매를 먹으며 새들이 지저귀었어.

검은머리방울새

"우아, 너희들이 한꺼번에 지저대니까 귀가 먹먹하다."
"호호홍. 겨울 숲은 우리 새들이 대장이야."
"맞아, 맞아, 맞아."
검은머리방울새의 말에 다른 새들이 소란스럽게 동의했어.
"하하하하. 그런 것 같네."
나도 동의했어.

그러고 보니 마른 가지를 스치는 바람 소리만 나던 겨울 숲에 새들이 있었네. 새들은 죽은 듯이 잠든 숲을 활기차게 깨우는 것 같아.

"안녕. 우리는 다른 곳으로 가야 해. 여럿이 함께 다니기 때문에 먹을 것은 쉽게 찾지만, 나눠 먹어야 해서 배를 채우기는 쉽지 않거든."

쑥새가 먼저 푸드득 날아올랐어.

"안녕, 안녕, 안녕."

다른 새들도 인사했어. 새들은 올 때처럼 순식간에 다른 곳으로 날아갔어.

새들이 떠난 댕댕이덩굴에는 이제 열매가 하나도 없어.

"하하하. 정말 시끄러운 새들이야."

새들이 지저귀는 소리가 점점 작아졌어. 숲은 다시 조용해졌지.

"다른 새들은 어떻게 지내고 있을까?"

나는 일 년 내내 우리 신갈나무 숲에서 사는 텃새들이 보고 싶었어.

그때 내 머리 위에서 이런 소리가 들렸어.

딱딱딱딱, 딱딱딱딱.

고개를 들어 보니 딱따구리가 떡갈나무를 쪼고 있어. 나무속에 숨은 어른벌레와 애벌레를 찾는 거야. 딱따구리는 나무를 쪼아 구멍을 낸 다음에 긴 혀로 곤충을 잡아먹어. 나무에 구멍을 내기 때문에 나무에게 피해를 준다고 생각할 수도 있지만 사실은 그렇지 않아. 나이가 많은 나무에는 곤충이 많이 살아. 곤충들은 나무속으로 파고들어 가서 나무에게 상처를 주지. 그런 곤충을 딱따구리가 잡아먹으니 오히려 도움을 주는 거야. 딱따구리가 만든 구멍도 시간이 지나면 저절로 메워져.

딱따구리가 만든 집은 다른 동물들이 서로 차지하려고 싸울 만큼 인기가 많아. 새뿐 아니라 청설모도 딱따구리의 집을 부러워하지.

"오랜만에 보는구나, 다람쥐야?"

누군가 아는 척을 했어. 가을에 함께 열매를 먹었던 곤줄박이였어. 다른 곤줄박이들도 있었지.

"와, 잘 지냈니? 다른 새들은 어떻게 지내고? 다들 잘 지내지?"

"한 번에 한 가지씩만 물어. 날이 추워져도 네 수다는 여전하구나."

"미안, 미안. 더 추워지기 전에 얼른 집으로 돌아가야 해서 마음이 급했나 봐. 너도 친구들과 함께 있구나?"

"응, 겨울엔 여럿이 함께 있는 게 든든하지."

"다른 친구들은 어떻게 지내니?"

"숲에 남은 친구도 있지만 먹을 것을 찾아 다른 산이나 사람들이 사는 곳으로 내려간 새들도 많아. 참, 오색딱따구리는 이층집을 지어서 가족과 잘 지내고 있지."

그런데 곤줄박이는 솔방울을 먹진 않고 바닥에 떨어뜨리기만 했어.

"왜 그냥 버리는 거야? 겨울이라 먹을 게 부족하잖아?"

"겨울에는 먹을 것이 없는 만큼, 우리도 힘이 별로 없어. 힘을 아껴 써야 해서 씨앗이 많이 남은 솔방울만 골라서 먹는 거야."

그러고 보니, 바닥에 떨어진 건 이미 씨앗이 다 빠져나간 빈 솔방울이었어. 하긴, 이 추운 겨울 숲에서 먹을 것을 낭비하는 동물은 없을 거야. 겨울이 더 깊어져서 씨앗도 구하기 어려워지면, 숲의 친구들은 나무눈을 먹으며 겨울을 이겨 내겠지.

곤충들의 겨울나기

바람이 매서운 겨울을 보내기에는 곤충들은 너무나 작고 약해 보여요.
하지만 곤충은 저마다 자기만의 방법으로 추운 겨울을 이겨 내고 있습니다.

"저게 뭐지?"

벚나무 가지에 아주아주 작은 새알이 붙어 있어. 자세히 보니 메추라기 알처럼 생긴 노랑쐐기나방 고치였어. 곤충들은 알이나 애벌레, 번데기, 어른벌레 상태로 겨울을 보내.

자세히 살펴보니 마른 나뭇잎이 돌돌 말린 것처럼 보이는 나방 고치도 보이고, 나뭇가지에 털옷감을 붙여 놓은 듯한 매미나방의 알 집도 있어.

벚나무 아래 햇볕이 드는 바위 위에는 네발나비가 앉아 있어.

"안녕, 나비야. 추운 겨울에 나비를 만나다니, 정말 반갑다."

"다른 곤충도 마찬가지지만, 나비는 알이나 번데기, 애벌레로 겨울을 나. 하지만 나처럼 어른벌레로 겨울을 보내기도 하지."

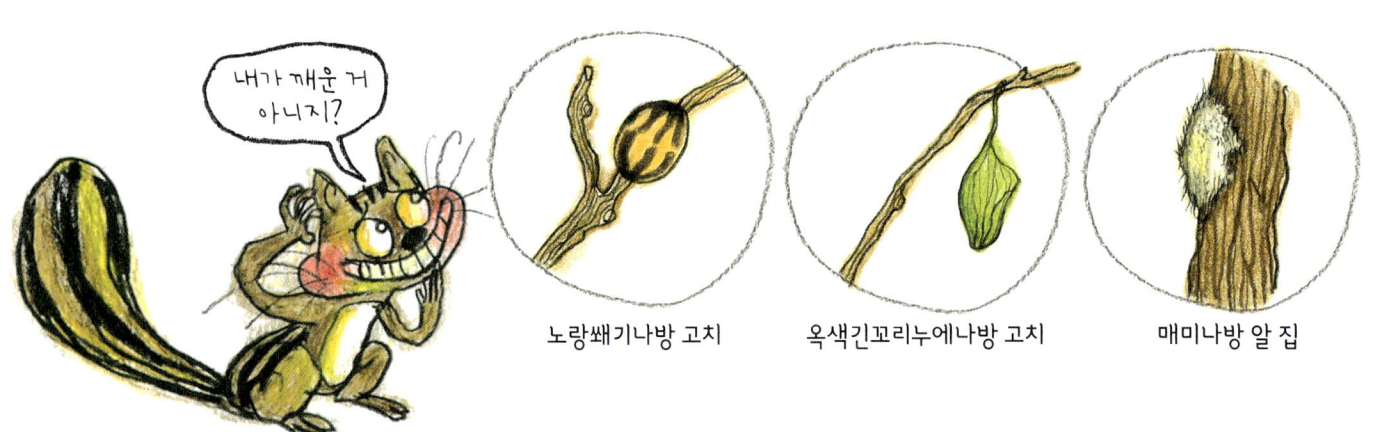

노랑쐐기나방 고치   옥색긴꼬리누에나방 고치   매미나방 알 집

"아, 맞아. 봄에 멧노랑나비를 만났었는데, 나비 상태로 겨울을 보낸다고 했어."

"그래. 멧노랑나비뿐 아니라 청띠신선나비, 뿔나비, 큰멋쟁이나비, 각시멧노랑나비, 신선나비도 어른벌레로 겨울을 보내. 잘 찾아보면 나뭇가지 아래나 낙엽 속, 바위틈에서 나비들을 두루 만날 수 있을 거야."

"그런데 센 바람에 날리면 어쩌려고 이렇게 다니는 거니?"

"날씨가 따뜻해져서 오랜만에 잠에서 깬 거야."

"너도 겨울잠을 잔다고?"

곤충은 추위를 피하고 천적들에게 들키지 않을 곳에서 겨울잠을 잔대. 그래서 바위틈이나 덤불 속, 낙엽 밑이나 나뭇가지 아래에 숨어 있다고.

> **TIP** 변온 동물은 바깥 온도에 따라 몸의 온도가 바뀌는 동물을 말해. '변온 동물' 하면 개구리나 뱀 같은 양서류, 파충류가 떠오르지만, 사실 곤충도 변온 동물이야. 그래서 온도에 맞춰 살아야 하는데, 추운 겨울에는 움직이지 않고 겨울잠을 자는 경우가 많아.

나비들의 겨울나기

청띠신선나비

우리는 어른벌레로 겨울을 나.

멧노랑나비

뿔나비

봄을 기다리는 겨울눈

하늘이 까맣게 변하더니 하얀 눈이 내려요.
숲은 두껍게 쌓인 눈을 이불처럼 덮고, 그 속에서 다시 깨어날 봄을 기다려요.

눈이 왔어. 하지만 추위가 한풀 꺾인 겨울 숲에서 눈은 금세 녹아 버려. 숲은 축축하게 물기를 머금었지.

졸졸졸졸.

얼어붙었던 계곡물 밑으로 물 흐르는 소리가 들려. 그 아래로는 버들치가 천천히 헤엄을 치고 있어. 성급한 산개구리는 겨울잠에서 깨었다가, 눈 쌓인 숲을 보고 깜짝 놀라서 다시 집으로 돌아갔어.

나무들은 작년 여름부터 다음 해 봄을 준비하며 겨울눈을 만들었어. 겨울눈은 봄을 품은 채, 터질 듯이 통통하게 부풀어 올랐지.

우리 신갈나무도 솜털을 입은 겨울눈이 단단히 붙어 있어. 봄이 되면, 겨울눈이 터지며 파릇파릇한 새잎이 나오고, 고운 꽃이 필 거야. 그리고 더욱 크고 튼튼하게 자라서 숲의 친구들을 지켜 주겠지.

곧 따뜻한 햇볕과 함께 새봄이 찾아올 거야. 안녕!